全国中等职业学校
课程改革规划新教材

Qiche Cheshen Tuzhuang Jishu
# 汽车车身涂装技术

主　编　雍朝康
副主编　王　建　蔡志勇

人民交通出版社

## 内 容 提 要

本书是全国中等职业学校课程改革规划新教材之一。其主要内容包括：安全生产与个人防护认识，涂装工具、设备的认识及使用，涂装前的表面预处理，腻子的施工，中涂底漆的施工，涂料及调色理论与实践，面漆层的施工，塑料件的涂装修复，车身涂装质量检验及漆病处理，汽车美容实施，共10个学习任务。

本书可作为中等职业学校汽车车身修复（涂装）专业、汽车运用与维修专业的专业教材，也可供汽车维修及相关技术人员参考阅读。

**图书在版编目（CIP）数据**

汽车车身涂装技术／雍朝康主编．
—北京：人民交通出版社，2013.8
全国中等职业学校课程改革规划新教材
ISBN 978-7-114-10816-7

Ⅰ.①汽⋯ Ⅱ.①雍⋯ Ⅲ.①汽车－车体－涂漆－中等专业学校－教材 Ⅳ.①U472.44

中国版本图书馆 CIP 数据核字（2013）第 176605 号

全国中等职业学校课程改革规划新教材

| | |
|---|---|
| 书　　名： | 汽车车身涂装技术 |
| 著 作 者： | 雍朝康 |
| 责任编辑： | 戴慧荷 |
| 出版发行： | 人民交通出版社 |
| 地　　址： | （100011）北京市朝阳区安定门外外馆斜街3号 |
| 网　　址： | http://www.ccpress.com.cn |
| 销售电话： | （010）59757973 |
| 总 经 销： | 人民交通出版社发行部 |
| 经　　销： | 各地新华书店 |
| 印　　刷： | 北京盈盛恒通印刷有限公司 |
| 开　　本： | 787×1092　1/16 |
| 印　　张： | 7.75 |
| 字　　数： | 180千 |
| 版　　次： | 2013年8月　第1版 |
| 印　　次： | 2017年4月　第3次印刷 |
| 书　　号： | ISBN 978-7-114-10816-7 |
| 定　　价： | 17.00元 |

（有印刷、装订质量问题的图书由本社负责调换）

# 全国中等职业学校汽车运用与维修专业
# 课程改革规划新教材编委会

(排名不分先后)

主　　任：李　青(四川交通运输职业学校)　　王德平(贵阳市交通技工学校)

副 主 任：王珏翎(成都市工业职业技术学校)　　韦生键(成都汽车职业技术学校)
　　　　　徐　力(成都市工程职业技术学校)　　雷春国(郴州工业交通学校)
　　　　　杨兴红(郫县友爱职业技术学校)　　赫天华(西昌交通学校)
　　　　　刘有星(四川交通运输职业学校)　　姜雪茹(成都市工业职业技术学校)
　　　　　袁家武(贵阳市交通技工学校)　　刘　力(重庆渝北职业教育中心)
　　　　　黄　轶(重庆巴南职业教育中心)　　唐孝松(郴州工业交通学校)
　　　　　寒明香(达州高级技工学校)

委　　员：刘新江　柏令勇　钟　声　陈　瑜　黄仕利　雷小勇　杨二杰　袁永东
　　　　　雍朝康　李江生　黄靖淋　程　戈(四川交通运输职业学校)
　　　　　向　阳　张兴华　曾重荣　王万春　兰国龙　周殿友
　　　　　秦政义(成都汽车职业技术学校)
　　　　　谢可平　王　健　李学友　姚秀驰(贵阳市交通技工学校)
　　　　　王从明　陈凯镔(成都市工业职业技术学校)
　　　　　韩　超　唐建鹏(成都市工程职业技术学校)
　　　　　许　康(四川交通职业技术学院)
　　　　　王晓洪　罗　波　李显良(达州高级技工学校)
　　　　　袁　亮　陈淑芬(郴州工业交通学校)
　　　　　向朝贵　丁　全(郫县友爱职业技术学校)
　　　　　梁秋声　任佳仲(西昌交通学校)
　　　　　石光成　李朝东(重庆巴南职业教育中心)
　　　　　黄　晓　唐守均(重庆渝北职业教育中心)
　　　　　夏　坤(重庆立信职业教育中心)

丛书总主审：朱　军

秘　　书：戴慧莉

# 前 言

根据《国家中长期教育改革和发展规划纲要(2010—2020年)》及《教育部关于"十二五"职业教育教材建设的若干意见》指导思想,为适应目前中等职业教育"工学结合、校企合作、顶岗实习"的人才培养模式,坚持职业岗位、课程教材内容与职业标准、教学过程与生产过程的深度对接,结合汽车专业领域的应用,编写"全国中等职业学校课程改革规划新教材",满足培养工作第一线的技能型人才的需要。

"全国中等职业学校课程改革规划新教材"第一版自2010年出版发行以来,多次重印,被全国多所中等职业院校选为汽车运用与维修专业教学用书,受到了广大师生的好评。

本套教材第一版出版后,人民交通出版社和编者陆续收到了一些院校教师的信息反馈,他们对书中的内容提出了宝贵的意见和建议。

2012年8月,人民交通出版社组织十几所院校的汽车系教师代表,在成都召开了"全国中等职业学校课程改革规划新教材"修订会议,经过认真研究讨论,确定了每本教材的修订方案;2013年3月,又组织召开了"全国中等职业学校课程改革规划新教材"审稿会,对修订教材和新编教材进行了审定。

《汽车车身涂装技术》是本套教材中新编教材。本书编写时结合汽车维修企业操作实际,同时考虑到中等职业教育特点,并要求符合职教改革的发展趋势。教材的编写注重突出几个特色:在内容上突出新技术、新工艺为主;叙述时力求由浅入深,通俗易懂,文字简练,图文并茂;以培养具有扎实专业知识和熟练操作技能为目的,以内容新颖、理论与实践相结合为原则。理论方面着重基础知识、基本原理的讲述;实训方面则侧重培养学生的基本操作技能。

本书由四川交通运输职业学校雍朝康担任主编,贵阳市交通学校王建、成都市工程职业技术学校蔡志勇担任副主编,成都市技师学院(成都交通高级技工学校)王艳担任参编。

限于编者水平,书中难免有疏漏和错误之处,恳请广大读者提出宝贵建议,以便进一步修改和完善。

全国中等职业学校汽车运用与维修
专业课程改革规划新教材编委会
2013年6月

# 目 录

学习任务一　安全生产与个人防护认识 ………………………………………………………… 1
学习任务二　涂装工具、设备的认识及使用 …………………………………………………… 12
学习任务三　涂装前的表面预处理 ……………………………………………………………… 22
学习任务四　腻子的施工 ………………………………………………………………………… 32
学习任务五　中涂底漆的施工 …………………………………………………………………… 43
学习任务六　涂料及调色理论与实践 …………………………………………………………… 53
学习任务七　面漆层的施工 ……………………………………………………………………… 69
学习任务八　塑料件的涂装修复 ………………………………………………………………… 79
学习任务九　车身涂装质量检验及漆病处理 …………………………………………………… 89
学习任务十　汽车美容实施 ……………………………………………………………………… 105
参考文献 …………………………………………………………………………………………… 115

# 学习任务一　安全生产与个人防护认识

> **任务要求**
> 完成本学习任务后,你应:
> 1. 了解安全生产的内容及组织形式;
> 2. 正确认识汽车涂料的危害及预防;
> 3. 掌握安全生产的操作规范;
> 4. 能准确地穿戴个人安全防护用品;
> 5. 能正确地使用防火、防毒等消防设施。
>
> 建议学时:8 学时

## 任务描述

张先生的卡罗拉轿车因交通事故造成车身受损变形,在特约维修站经钣金修复后,涂装维修技师需要带领学徒们对其进行涂装修复还原。在进入操作工位进行作业之前,他们需要了解汽车涂装的相关安全生产和个人安全防护的知识,以便安全、合理、高效地完成工作任务。

## 学习流程

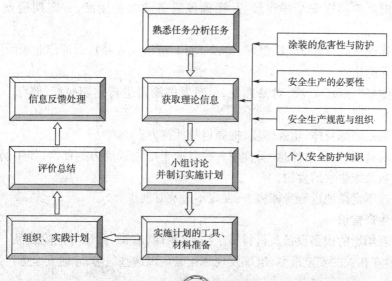

# 一、理论知识准备

## 1. 汽车涂装的危害与防护

在汽车涂装作业中,有许多对人体有害的物质需要我们正确的认识和有效的防护。

(1)汽车涂装的危害。汽车涂装场所会产生许多的粉尘、金属熏烟以及有毒喷雾、有毒气体等,它们通过呼吸系统侵害我们的身体。同时,汽车涂料主要由颜料、树脂、添加剂和稀释剂等化学原料组成。这些成分中可能含有铅、铬、镉、铁、锰等重金属以及苯、四氯化碳、甲醇等有机溶剂,这些物质对人体的呼吸系统、生殖系统、神经系统、血液系统、皮肤等均有较大的危害。汽车涂装对人体的危害如图1-1所示。

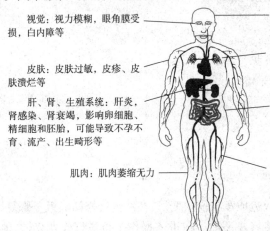

**图1-1 汽车涂装对人体的危害**

(2)汽车涂装危害的防护。针对以上危害,汽车涂装从业人员也不必过分恐慌,切勿因噎废食。只要防护得当,这些危害是完全可以避免的。

①作业时严格遵守安全操作规程,正确佩戴劳动保护用品,并定期检查和更换劳保用品。

②每次作业认真做好5S(即整理、整顿、清扫、清洁及素养),保证作业场所无扬尘、无飞溅、无泄漏、无隐患。

③切实做好"三废"处理,对易挥发、易蒸发的涂料进行定期检查,储存空间保证干燥通风。

④平时加强锻炼身体,增强体质,提高自身抵抗力。

⑤生活要有规律,注意休息,多食用一些有助于增强抵抗力的食物,如牛奶、鸡蛋、菠菜等富含蛋白质及维生素的食物。

⑥定期或不定期地进行身体检查,发现不适及时就医。

## 2. 安全生产常识

汽车涂装场所的很多设备及材料属于易燃、易爆、有毒、高压等危险物品。在进入该场所后,必须遵守相关的安全准则,准确发现和正确认识这些危险,才能安全生产。

（1）工具设备的安全。汽车车身修复涂装工具有手动工具（图1-2a）、气动工具（图1-2b）、电动工具（图1-2c）。手动工具多带有棱角或尖角、利刃，使用中不小心就会划伤皮肤；气动工具所需气压在0.20~0.50MPa之间，具有很强的压力，易对在场人员的眼睛、耳朵、皮肤等造成危害；电动工具有采用380V三相电流带动的，具有高压高流，极易触电。

a) 钢质刮灰刀　　　b) 气动磨灰机　　　c) 电动除漆机

图1-2　汽车车身修复涂装工具

①手动工具要保持清洁和完好。应经常清洁沾有油污和其他杂物的工具，检查其是否有破损，以免使用时发生机械事故，危及人身安全。

②使用锐利或有尖角的工具时应当小心，以免不慎划伤不应触碰的部位或危及人身安全。

③专用工具只能用于专门的操作，不能移作它用。

④不要将旋具、手钻、冲头等锐利工具放在口袋中，以免伤及本人或划伤汽车表面。

⑤使用电动工具之前应检查是否搭铁，检查导线的绝缘是否良好。操作时，应站在绝缘橡胶地板上进行（或穿有绝缘靴），小心触电，其标志如图1-3所示。

⑥用气动或电动工具从事打磨、修整、喷砂或类似作业时，必须佩戴安全眼镜。

⑦必须确认电动工具上的电路开关处于断开位置后，才允许接通电源。电动工具使用完毕，应切断电路，拔下电源。

⑧清理电动工具因工作所产生的切屑或碎片时，必须让电动工具停止转动，切勿在转动过程中用手或刷子去清理，以防机械伤人，其标志如图1-4所示。

⑨任何操作都不宜过度探身，防止滑倒事故，其标志如图1-5所示。

图1-3　检查搭铁线、小心触电标志　　图1-4　当心机械伤人标志　　图1-5　小心滑倒标志

（2）场地环境的安全。汽车涂装作业中，易产生"三废"——废水、废气、废渣，从而有可能对人员造成危害以及对环境造成污染。涂料的高挥发性以及易燃易爆性也要求在对场地进行安全生产管理时，必须将防火防爆放在核心位置。

①"三废"的处理。"三废"里面含有大量的重金属、酸碱性腐蚀物、有机溶剂等危险物质，若不妥善处理，会对人体健康以及环境质量带来很大的影响。根据我国的相关规定，涂装作业产生的"三废"必须严格按照有关程序进行处理。

废水必须要经过各级处理。由于涂装产生的废水中含有不易分解的有机物，因此必须采用三级处理,通过等离子交换、活性炭吸附、电解等方法,使处理后的废水质量达到地面水、工业用水等水质标准。

废气可以采用活性炭吸附、催化燃烧、液体吸附、直接燃烧等形式,使有毒的废气被吸附或分解成无害的二氧化碳和水,从而减少废气的污染和毒害。

涂装作业产生的废渣有些可以再利用,对于不能再利用的废渣可以集中焚烧或者按照相关规定进行深度掩埋。

②防火防爆。涂装作业人员必须经过合格的消防安全知识培训;作业场地必须配备必要的消防器材;存储涂料的房间一定要干燥通风,远离火源或热源;严禁在涂装车间吸烟、玩火以及进行焊接、金属打磨等操作;涂装场所内所有电源及用电设备均应保证包装完好,具有搭铁及防爆装置。其标志如图1-6所示。

(3)人员的安全。进入涂装车间的人员,必须遵守车间的安全准则。要服从车间管理人员的管理和安排,不随意走动,不任意玩耍相关设备和工具,不做与本车间操作内容无关的事。有良好的组织形式,有明确的责任负责人,有规范的管理流程和秩序,如图1-7所示。

图1-6 防火防爆标志

图1-7 人员安全

### 3. 安全生产的组织形式

汽车车身涂装的安全生产管理,核心在于人的安全管理。而人的安全管理,在于从业人员及从业团队的整体素质及知识技能。从业人员及团队的素质与能力的基础则在于职业教育。因此,一个良好的职业院校或培训机构的组织形式,是汽车车身涂装行业最好的安全生产管理基石。

(1)建立完善的专业文化。涂装工种从业人员的安全生产意识,要循序渐进地培养。从业人员应该在平时的学习、工作中不断积累和总结。建立完善的专业文化,可以潜移默化地将安全生产观念移植到每个涂装从业人员的大脑里。

①设置本专业的文化主体,如标语、口号、专业歌等。

②有特色鲜明的文化形式,如表演、演讲、辩论、论述等。

③制订可行的文化规范,有计划、有目标、有层次地开展专业文化建设。

④建立专业文化奖惩制度,将劳动、报酬、考核、成绩、晋升等与安全生产、专业文化建设等紧密挂钩。

(2)开展合适的体能训练项目。涂装是一项特殊的作业工种,除了良好的安全意识,还需要从业人员具备健康的身体、强健的体格和顽强的意志。因此,涂装从业人员进行必要的身体锻炼,能提高生产效率和安全性,如图1-8所示。

(3)实施"基于工作过程一体化"的教学模式。将涂装学习融入到实际工作中,用工作的过程来制订学习流程;用工作的标准来规范学习习惯;用工作的手段来指导学习操作;用工作的质量来考核学习效果。根据汽车车身修复涂装作业的连续性、渐进性和关联性,可以将整个流程分成若干工位,各工位再细化分工,独立完成本工位操作内容。采用流水线式的操作流程,将各工位联系起来,工位间进行质量互检,保证上一工序的质量达标。同时,每个工位又是一个独立的团队,如图1-9所示。

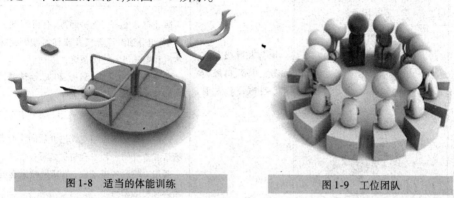

图1-8 适当的体能训练　　　　　图1-9 工位团队

### 4. 涂装作业的个人安全防护

汽车车身修补涂装作业,个人安全防护比环境安全、设备安全更重要,因此,要严格按照相关规程正确佩戴防护用品。

（1）常用的劳动防护用品。由于汽车涂装对人体的各个部位均有不同形式的危害,因此在进行涂装作业时,全身都要根据不同的要求进行必要的防护。常用的防护用品见表1-1。

汽车车身修补涂装常用劳动防护用品　　　　　表1-1

| 种类 | | 防护位置 | 作用及用途 |
|---|---|---|---|
| 工作服 | 棉质工作服 | 身体躯干 | 保护作业人员免受粉尘、飞雾、金属颗粒等的侵蚀,以及打磨、除锈等操作时的擦伤等;<br>适用于除喷漆外的一般工作 |
| | 防静电喷漆服 | | 减少挥发性有毒物质对身体的侵害,避免因静电导致的吸附、火花等安全问题;<br>专用于喷涂各道油漆工作 |
| 工作帽 | | 头部 | 保护作业人员头部不受粉尘、飞雾、金属颗粒等的侵害。整个作业过程都应佩戴 |

续上表

| 种　类 | | 防护位置 | 作用及用途 |
|---|---|---|---|
| 面罩 | 防尘面罩 | 面部和呼吸器官，如脸、眼睛、口腔、鼻腔、咽喉、支气管、肺等 | 能够有效防止微尘、粉粒等有毒物质进入呼吸系统、口腔和肺部等；<br>适用于打磨、除旧漆、清洁等工序 |
| | 过滤式半防护面罩 | | 防止微小粒子、金属烟雾、有机溶剂挥发气体、单组分油漆毒蒸气及非异氰酸酯类涂料的蒸气和喷雾进入呼吸系统；<br>适用于除油、调色、刮灰、和灰、清洗喷枪及喷涂非异氰酸酯类涂料等工序 |
| | 供气式全防护面罩 | | 通过过滤器将压缩空气过滤后向作业人员供给新鲜空气的一种安全防护装置；<br>适用于喷涂各道油漆，尤其是喷涂含异氰酸酯类材料的涂料 |
| 护目镜 | | 眼睛 | 保护眼睛，防止打磨时粉尘进入眼睛，以及涂料的挥发成分刺激眼睛；<br>整个作业过程都应佩戴 |
| 手套 | 棉质手套 | 手部 | 保护作业人员手部不被划伤、擦伤、磨伤以及被污染；<br>适用于打磨、清洁、除尘、搬动工件、使用工具等工序 |
| | 橡胶手套 | | 防止有机溶剂侵入皮肤，甚至体内；<br>在进行调色、刮灰、和灰、喷漆、清洗喷枪等工作时佩戴 |
| 安全鞋 | | 脚部 | 防滑、防压，可以有效地保护作业人员的脚部；<br>整个作业过程中都应佩戴 |
| 耳塞 | | 听觉器官 | 保护听力不受刺激损伤；<br>在进行打磨、除旧漆、喷涂等噪声较大的作业时佩戴 |
| 护肤用品 | 洗手膏 | 手、皮肤 | 对手及皮肤进行清洁保养，避免皲裂或脱皮；<br>适用于作业之后的个人皮肤清洁与保养 |

## 学习任务一　安全生产与个人防护认识

(2)修补涂装作业的个人防护用品选择。在汽车车身修补涂装作业过程中,不同的工序,对个人的防护用品穿戴,有不同的选择。常见工序的防护用品选择见表1-2。

汽车修补涂装作业的个人防护用品选择　　　　表1-2

| 工序 | 防护用品选项 | | | | | | | | | | |
|---|---|---|---|---|---|---|---|---|---|---|---|
| | 工作鞋 | 安全帽 | 护目镜 | 棉质工作服 | 防静电喷漆服 | 线手套 | 橡胶手套 | 防尘面罩 | 过滤式面罩 | 供气式面罩 | 耳塞 |
| 除尘、清洁、评估损伤程度 | ★ | ★ | ★ | ★ | | ★ | | ★ | | | |
| 机械法除旧漆旧锈 | ★ | ★ | ★ | ★ | | ★ | | | | | ★ |
| 打磨羽状边及干磨原子灰、底漆等 | ★ | ★ | ★ | ★ | | ★ | | | | | ★ |
| 湿打磨工序 | ★ | ★ | ★ | ★ | | | ★ | | | | |
| 调和及刮涂原子灰 | ★ | ★ | ★ | ★ | | | ★ | ★ | | | |
| 调色及微调对色 | ★ | ★ | ★ | ★ | | ★ | | ★ | | | |
| 调和及喷涂油漆 | ★ | ★ | | | ★ | | ★ | | ★ | ★ | |
| 遮蔽贴护 | ★ | ★ | | ★ | | | | | | | |
| 漆病处理 | ★ | ★ | ★ | ★ | | | ★ | ★ | ★ | | |
| 清洁、抛光、打蜡 | ★ | ★ | ★ | | | ★ | ★ | ★ | | | ★ |

注:★表示需要选择该项防护。

## 二、实　践　操　作

**1. 实践准备**

(1)工具准备。

①防护装备:

②使用工具:气体吹枪、工具车、零件车等。

(2)材料准备:灭火器、作业单等。

(3)场地准备:实训室、空旷地。

**2. 注意事项**

(1)了解工厂作业的安全规程。

(2)喷砂时必须佩戴防尘面具。

(3)使用压缩空气吹除灰尘时,应戴保护眼睛装置和防尘面具。

(4)金属表面处理剂含有磷,对皮肤有刺激作用,必须佩戴安全眼镜、手套和穿工作服。

(5)配制涂料时,应戴防护镜,并在通风环境下进行。

(6)喷涂时应十分注意合理使用设备。

(7)存储漆料应放在远离工作区的地方。工作区只保留一天的用量。一天作业完毕,应及时清洁所有用具与设备。

**3. 作业准备**

(1)进入工位前,将工位清理干净,准备好相关器材。

(2)操作人员应整齐、规范地穿戴个人安全防护用品。

(3)检查所使用设备能否正常工作。

(4)根据工作流程作业单再次确认所需要材料是否齐全,摆放是否到位。

**4. 过程实施**

(1)个人安全防护用品穿戴练习。根据表1-1和表1-2的指导,汽车车身涂装从业人员在进行涂装作业前要穿戴整齐个人安全防护用品。不同的工位和作业内容,对防护用品的穿戴要求是不同的,但整体顺序基本一致。

①规范穿戴连体工作服(或防静电喷漆服)、工作鞋、工作帽,如图1-10所示。

②佩戴护目镜,如图1-11所示。

③佩戴防尘面罩(或防毒面罩),如图1-12所示。

图1-10　正确穿戴连体工装

图1-11　正确佩戴护目镜

图1-12　正确佩戴防毒面罩

④按作业要求选择防护手套,正确穿戴。完成个人防护的整体穿着,如图1-13所示。

(2)灭火器的使用。火灾有很多种形式,不同类型的火灾,需要采用不同的灭火器进行灭火。汽车车身涂装车间常采用泡沫灭火器或干粉灭火器。其操作要领是:

①必须将灭火器摆放在车间干燥、易提取的地方,不得和热源靠近,不能被阳光直照。

②定期检查灭火器是否泄漏,是否处于安全有效的可用范围。

③使用干粉灭火器时的步骤为:

a. 提起灭火器,观察指针显示是否在绿色区域以上,并握紧手柄,如图1-14a)所示。

b. 拔下保险锁销,解除锁止,如图1-14b)所示。

c. 一手握住软管,一手握住手柄,用拇指向下压手柄开关,如图1-14c)所示。

d. 在1m左右远处将软管喷嘴对准火源根部扫射,直至扑灭明火,如图1-14d)所示。

## 学习任务一　安全生产与个人防护认识

图1-13　完整的涂装个人安全防护着装

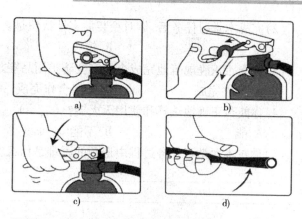

图1-14　干粉灭火器的使用方法

## 三、学习拓展

火灾是威胁公众安全和社会发展的主要灾害之一，而汽车涂装修复车间更是火灾安全隐患非常大的地方。因此，有必要正确认识火灾和灭火常识。常见的火灾类型及灭火器选择见表1-3。

火灾类型及灭火器选择　　　　表1-3

| 火灾类型 | 燃烧特性 | 例证 | 灭火器选择 |
| --- | --- | --- | --- |
| A类火灾 | 固体物质火灾。这种物质通常具有有机物质性质，一般在燃烧时能产生灼热的余烬 | 木材、棉麻、纸张等火灾 | 水型灭火器、泡沫灭火器、干粉灭火器、卤代烷灭火器 |
| B类火灾 | 液体或可熔化的固体物质火灾 | 燃油、醇类、沥青、石蜡等火灾 | 泡沫、干粉、卤代烷等灭火器 |
| C类火灾 | 气体火灾 | 天然气、甲烷、乙烷、丙烷、氢气等火灾 | 干粉、卤代烷、二氧化碳等灭火器 |
| D类火灾 | 金属火灾 | 钾、钠、镁、铝镁合金等火灾 | 粉状石墨灭火器、专用干粉灭火器 |
| E类火灾 | 带电火灾 | 雷击火灾 | 干粉、卤代烷、二氧化碳等灭火器 |
| F类火灾 | 烹饪物火灾 | 动物油脂火灾 | 干砂或铸铁屑末 |

## 四、评价与反馈

**1. 自我评价及反馈**

（1）能否主动参与工作现场的清洁和调整工作？（　　）

　　A. 主动完成　　　　　　B. 被动完成　　　　　　C. 未完成

(2) 完成本学习任务后,你对涂装危害性认识是否全面?(　　)
　　A. 全面　　　　　　　B. 较全面　　　　　　　C. 不是太懂
(3) 你能否正确规范地完成个人安全防护用品穿戴?(　　)
　　A. 独立完成　　　　　B. 小组合作完成　　　　C. 在老师的指导下完成
(4) 你能否正确地选择和使用灭火器?(　　)
　　A. 能　　　　　　　　B. 不能　　　　　　　　C. 在老师的指导下能做好
(5) 你在本次学习任务过程中遇到的困难是什么?怎样解决的?
_____
_____
_____
_____

　　　　　　　　　签名:_____　　_____年_____月_____日

**2. 小组评价及反馈**

(1) 是否完成本学习任务的学习目标?(　　)
　　A. 完成且效果好　　　B. 完成但效果不好　　　C. 未完成
(2) 是否积极学习,不懂的是否积极向别人请教,是否积极帮助他人学习?(　　)
　　A. 积极学习　　　　　　　　　　　B. 积极请教
　　C. 积极帮助他人　　　　　　　　　D. 三者均不积极
(3) 有没有落地现象发生,有无保持作业现场的整洁?(　　)
　　A. 无掉地且场地整洁　　　　　　　B. 有颗粒掉地
　　C. 保持作业环境清洁　　　　　　　D. 未保持作业现场的清洁
(4) 实施过程中是否注意操作质量和有责任心?(　　)
　　A. 注意质量,有责任心　　　　　　B. 不注意质量,有责任心
　　C. 注意质量,无责任心　　　　　　D. 全无
(5) 在操作过程中是否注意消除安全隐患,在有安全隐患时是否提示其他同学?(　　)
　　A. 注意,提示　　　　　　　　　　B. 不注意,未提示

　　　　　　参与评价的同学签名:_____　_____年_____月_____日

**3. 教师评价及答复**
_____
_____
_____
_____
_____

　　　　　　　　教师签名:_____　　_____年_____月_____日

## 五、技能考核标准

| 序号 | 项目 | 操作内容 | 规定分 | 评分标准 | 得分 |
|---|---|---|---|---|---|
| 1 | 准备工作 | 工具设备的准备<br>防护用品的准备<br>场地的准备<br>耗材的准备<br>学习资料的准备<br>个人状态的准备 | 15分 | 准备不充分酌情扣1~5分<br>不会准备或未准备扣15分<br>个人状态不好扣5分 | |
| 2 | 任务引领认识 | 清楚学习任务<br>熟悉结构形式<br>准确到达工位 | 4分<br>2分<br>4分 | 不清楚扣4分<br>不熟悉扣2分<br>不准时扣2~4分 | |
| 3 | 安全生产认识 | 安全生产的内容<br>安全生产的组织<br>安全意识的建立 | 5分<br>5分<br>5分 | 不清楚扣2~5分<br>不清楚扣5分<br>不能建立扣5分 | |
| 4 | 个人安全防护用品穿戴 | 防护用品的选择<br>穿戴的顺序<br>穿戴的规范性 | 5分<br>5分<br>5分 | 不当扣2分,不会扣5分<br>不当扣2分,错误扣5分<br>不当扣2分,错误扣5分 | |
| 5 | 灭火器的使用 | 用前检查<br>操作方法<br>灭火结果 | 3分<br>8分<br>4分 | 不做扣3分<br>不当扣2~8分<br>处理不及时扣2~4分 | |
| 6 | 完成时限 | 15min | 10分 | 超时1min扣2分 | |
| 7 | 安全生产 | 个人防护<br>设备安全<br>人员安全<br>场地安全 | 4分<br>2分<br>2分<br>2分 | 防护不全扣4分<br>隐患扣1分,事故扣2分<br>隐患扣1分,事故扣2分<br>隐患扣1分,事故扣2分 | |
| 8 | 结束工作 | 5S工作 | 10分 | 错一项扣1分,扣完为止 | |
| | | 总分 | 100分 | | |

# 学习任务二　涂装工具、设备的认识及使用

**任务要求**

完成本学习任务后,你应:
1. 认识涂装所需的电动、气动及手动工具和设备;
2. 熟悉供气装置的装配及维护;
3. 掌握涂装所需的各种工具与设备的操作方法和注意事项。
**建议学时:8 学时**

### 任务描述

陈女士拟投资开设一家汽车特约维修厂,其中,所需工具、设备等是建厂的基础。机修、钣金、涂装、美容等工位分别由不同的负责人主持工作。如果你是涂装工位的负责人,你会为陈女士推荐选择哪些主要的涂装工具及设备,并充分认识和利用它们,以期做到成本最低、资源最省、效益最大?

### 学习流程

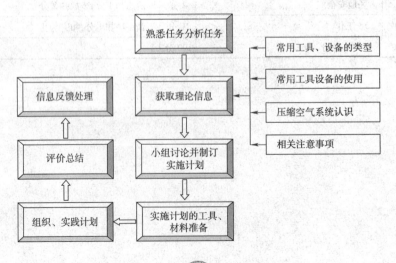

# 一、理论知识准备

**1. 汽车车身修补涂装常用工具及设备**

汽车车身修补涂装工序复杂,涉及范围广,形式多样,耗材繁多。因此,需要多种工具和设备来完成各道工序的作业。常用的工具和设备有:

（1）手动工具。手动工具是车身修补涂装的基础工具,在几乎每个工序中都能用到。它的特点是操作简便,对操作人员的技术要求不高;但效率低下,质量不稳定。

（2）机械工具。根据驱动方式的不同,机械工具有气动和电动两种。机械工具的特点是可选择范围广,实用性强,作业效率高,质量可靠;但对操作人员有一定的技术要求,选择范围广,容易产生误区。

（3）打磨设备。打磨设备主要用于表面预处理、打磨腻子、打磨中涂底漆以及漆病处理等工序。可以手动操作,也可以电力、压缩空气驱动。其特点是作业质量好,对操作人员技术水平要求高。

（4）吸尘设备。吸尘设备一般和打磨设备配套使用,主要目的是减少有毒颗粒物的飞扬,保护环境和操作人员。

（5）喷涂设备。喷涂设备是车身修复涂装的重要设备之一,是完成涂装作业和保证涂装质量的核心要素之一。它主要用于各漆层的作业。

（6）干燥设备。干燥设备能提高作业效率,提升涂装质量,主要用于各涂层的干燥。常用的有红外线烤灯和烤漆房等。

（7）调色设备。调色设备是调配颜色的必备工具,分为人工调色和电脑调色两种。主要设备是电子秤、搅拌架、对色灯箱、调色烤灯等。它用于各种油漆颜色的调制或色漆的微调。

（8）质量检验设备。质量检验设备是提高涂装质量的参考依据,主要用于检测漆膜的光泽度、硬度、厚度、流平性等各项质量状况。

（9）三废处理设备。汽车车身修补涂装作业产生的废水废气废渣均是有毒有害物质,因此不能随意丢弃,需要专门的设备进行回收和处理。比如溶剂回收机可以处理废弃溶剂,析出可用的香蕉水。

**2. 各工序常用工具及设备**

各工序常用工具及设备见表2-1。

各工序常用工具及设备　　　　　　　　　　　　　　表2-1

| 序号 | 工序 | 常用工具及设备 |
| --- | --- | --- |
| 1 | 表面预处理 | 铲刀、尖头镐、单作用打磨机、小型除漆机、双作用磨灰机、底漆喷枪、吹尘枪、手动打磨块、无尘干磨系统等 |
| 2 | 原子灰施工 | 刮灰刀、和灰板、红外线烤灯、手动打磨垫、自吸尘打磨垫、无尘干磨系统、吹尘枪等 |
| 3 | 中涂底漆施工 | 刮刀、裁纸刀、取纸架、吹尘枪、比例尺、搅拌棒、量杯、喷枪、喷漆房、烤漆房(红外线烤灯)、无尘干磨系统(自吸尘手动打磨垫)、软打磨垫等 |

续上表

| 序号 | 工序 | 常用工具及设备 |
|---|---|---|
| 4 | 调色 | 量杯、搅拌棒、搅拌架、电子秤、比色卡、对色灯箱、调色烤箱、电脑等 |
| 5 | 面漆施工 | 刮刀、裁纸刀、取纸架、吹尘枪、比例尺、搅拌棒、量杯、面漆喷枪、喷漆房、烤漆房等 |
| 6 | 漆面质量检测 | 硬度计、漆膜测厚仪、漆膜光泽度仪等 |
| 7 | 抛光打蜡 | 抛光机、抛光盘、打蜡枪(打蜡机)等 |
| 8 | 清洁美容 | 高压水枪、泡沫清洗机、吸尘器、蒸汽机、打磨块、抛光机、割胶枪、注胶枪、烤漆房等 |

### 3. 空气供给系统

(1) 组成。压缩空气供给系统是汽车车身涂装场所必须安装且意义非凡的系统。一般由空气压缩机(气泵)、气流控制和调节装置及各种辅助元件等部分组成,如图2-1所示。

(2) 管路系统。压缩空气的管路系统,是安全、正常使用压缩空气的保障,其组成如图2-2所示。

(3) 气流输送的控制与调节。压缩机运行产生的压缩空气需要经过存储、过滤、净化之后再输送到用气端,保证用气端的压缩空气干燥、纯净。

图2-1 典型压缩空气供给系统组成

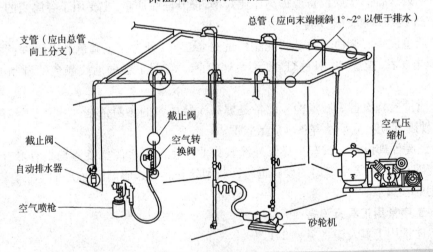

图2-2 压缩空气管路布置

①储气罐:空气压缩机输出的空气并不直接连到气动工具上,而是输送到储气罐之后,再经管道输送到各用气点上使用。

②空气处理装置:又叫气水分离调节器。它可以清除压缩空气中的水分、油雾和各种碎屑,过滤和调节空气、压力,并为各种气动设备(如喷枪、吸尘器、气动工具)提供多路压缩空气出口。

③空气冷冻干燥机:空气冷冻干燥机主要用于降低压缩空气的温度,它既可以吸收气流

的热量又可以清除杂质和残余的油、水。若没有将空气中的油和水清除干净,会造成喷漆中常见的"鱼眼"现象。

**4. 喷枪**

(1)定义:喷枪是汽车车身修补涂装的关键设备,它将涂料(油漆)均匀地喷涂在车身表面,得到良好的防腐与涂装效果。利用压缩空气对进入喷枪的涂料进行雾化并对车身表面涂敷(简称空气喷射)是车身表面装饰最重要的工艺之一。

(2)工作原理:喷枪的原理是利用压缩空气的压力将液体雾化,形成雾状射流。雾状化的油漆在喷流中分裂成微小而且均匀的液滴喷在汽车表面上,形成薄厚均匀具有光泽的薄膜。

(3)分类:喷枪按供料方式可分3类,即吸力式、重力式和压送式。

①吸力式喷枪。它是使用最普遍的一种,油漆置于罐内,扣动扳机高压空气冲进喷枪,气流经过气帽开口时形成局部真空,从而使罐内油漆吸住已开启的针阀,形成雾状喷射流,如图2-3所示。

②重力式喷枪。它利用油漆自身重力流入喷嘴进行雾化喷射,这种喷枪适用于较稠涂料(如车身填料)的喷涂,如图2-4所示。

③压送式喷枪。它利用压缩空气进入油漆罐中,推动油漆从细管进入喷嘴进行喷涂,如图2-5所示。

图2-3 吸力式喷枪

图2-4 重力式喷枪

图2-5 压送式喷枪

(4)结构及作用。典型喷枪的主要零件包括气帽、喷嘴、针阀、扳机、气流控制钮、气阀、扇形调节钮(模式控制钮)和手柄。

①吐出量调整旋钮。能调整涂料吐出量的大小。松开旋钮则涂料吐出较多,相反拧紧旋钮则涂料吐出变少,全部拧紧则喷出空气而不喷出涂料。

②喷幅调整旋钮。能调整喷幅的大小。松开旋钮喷幅呈大椭圆形,全部拧紧呈小圆形。可根据喷涂面积的不同进行调整。

③气压调整旋钮。能调整气压的流量。松开旋钮气压变大,拧紧旋钮则变小,全部拧紧则空气不能流出。小面积喷涂时,可用旋钮调节气压;大面积喷涂(车身门板1块以上)时,将气压调整旋钮全部打开,用气压表进行调节。

④涂料喷嘴。喷枪的喷嘴通常由针阀、涂料喷嘴、空气盖3部分组成。如果接触针阀的前端则涂料不能喷出,如果针阀和喷嘴变形,在使用重力式喷枪时则涂料会流出不止。

⑤空气盖。压缩空气从空气盖中喷出,涂料呈细微的雾状。空气盖上有多个小孔,分别

图2-6 喷枪空气盖结构

有不同的作用,如图2-6所示。

a. 中心孔——涂料喷嘴前端产生负压(真空状态)将涂料引出,涂料呈很细的雾状。

b. 辅助孔——将从中心孔引出的雾状涂料更加微粒化。在修补涂装中,辅助孔的使用多为2~4个。

c. 侧面孔——可变换喷幅的形状。

## 二、实践操作

**1. 实践准备**

(1)工具准备。

①防护装备:

②使用工具:重力式喷枪。

(2)材料准备:门皮、喷漆架、工作页。

(3)场地准备:喷水练习工位。

**2. 注意事项**

(1)规范穿戴、防护用品,规范使用工具及设备,注意操作安全。

(2)喷枪不能对着他人或自己。

(3)清洗喷枪的溶剂要倒入溶剂回收机。

(4)操作的工艺流程要规范。

**3. 作业准备**

(1)进入工位前,将工位清理干净,准备好相关器材。

(2)操作人员应整齐、规范地穿戴个人安全防护用品。

(3)检查所使用设备能否正常工作。

(4)根据工作流程作业单再次确认所需要材料是否齐全,摆放是否到位。

**4. 重力式空气喷枪的使用与调整**

(1)喷枪的调整。

①出漆量的调整。通过调节针的移动来调节涂料喷出量。松开或拧紧调节螺钉以增加或减少喷出量,如图2-7所示。

②扇幅的调整。松开螺钉,喷雾为椭圆形;拧紧螺钉,则喷雾为圆形。如图2-8所示。

| 图2-7 出漆量的调整 | 图2-8 扇幅的调整 |

③气压的调整。松开和拧紧调节螺钉可以增加或减少空气压力,如图2-9所示。

(2)喷枪的使用。

①握喷枪的技巧。为了持续稳定喷涂而不产生疲惫感,必须保持一个放松的姿态,肘关节、肩膀和手臂不要紧张,以图2-10所示的姿势握住喷枪。

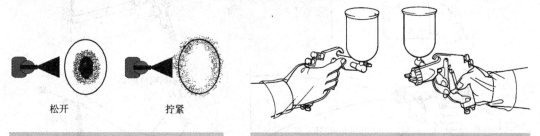

图2-9 气压的调整　　　　　　　图2-10 握喷枪的技巧

②喷涂操作要点。

a. 喷涂角度(喷枪与工件表面的角度):90°,如图2-11所示。

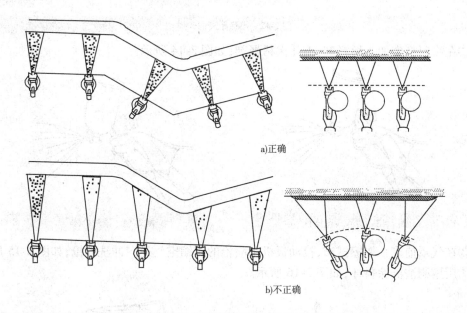

a)正确

b)不正确

图2-11 喷涂角度的选择

b. 喷涂距离(喷枪嘴与工件表面的距离):一般为15~20cm,具体请参考涂料供应商工艺要求,如图2-12所示。

c. 喷枪的移动速度:以30~60cm/s的速度匀速移动。

d. 喷涂压力:一般调节气压为2.0~2.5Pa,或通过试喷进行确定。

e. 喷雾图形重叠:为了使喷涂均匀,喷雾图形的厚度也必须一致。重叠量为喷涂图形的1/2~2/3。

(3)喷枪的清洁。

①清除涂料杯内残留的涂料,然后拉动扳机,清除留在喷枪内的涂料,如图2-13所示。

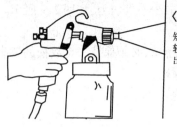

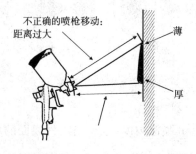

图 2-12　喷涂距离的选择

②在涂料杯中加入稀释剂，喷几次稀释剂，如图 2-14 所示。

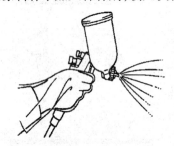

图 2-13　清除残留涂料　　　　　图 2-14　清洗枪体

③在气罩前遮一块擦拭布，拉动扳机用喷枪的压缩空气逆向冲洗喷枪，如图 2-15 所示。
④用鬃刷清洁涂料杯，如图 2-16 所示。

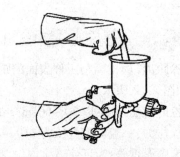

图 2-15　反洗枪体　　　　　　　图 2-16　清洗量杯

⑤重复步骤②、③和④数次，直至喷出的稀释剂中不含有任何涂料。然后用鬃刷清洁喷枪，如图 2-17 所示。

⑥摘掉气盖,用鬃刷清洁涂料喷嘴,如图 2-18 所示。

图 2-17　清洗枪身

图 2-18　拆洗喷嘴

## 三、学习拓展

(1)通过查阅资料,亲手操作,说明无尘干磨系统的使用与保养。
_____
_____
_____

(2)查阅资料,做一份蜗杆式空气压缩系统的维护方案。
_____
_____
_____

(3)查阅资料,系统地对比 3 种空气喷枪各自的优缺点?
_____
_____
_____

## 四、评价与反馈

**1. 自我评价及反馈**

(1)能否主动参与工作现场的清洁和调整工作?(　　)
　　A. 主动完成　　　　B. 被动完成　　　　C. 未完成
(2)完成本学习任务后,你对涂装设备及工具的使用是否熟练和规范?(　　)
　　A. 熟练规范　　　　B. 规范但不熟练　　C. 不会使用
(3)你能否正确规范地完成喷枪的使用?(　　)

　　A. 独立完成　　　　　B. 小组合作完成　　　　C. 在老师的指导下完成
　(4)你在操作过程中能否正确、规范地做好安全防护？（　　）
　　A. 能　　　　　　　　B. 不能　　　　　　　　C. 在老师的指导下能做好
　(5)你在本学习任务中遇到的困难是什么？怎样解决的？
_____
_____
_____

　　　　　　　　　签名：_____　　_____年_____月_____日

**2. 小组评价及反馈**
　(1)是否完成本学习任务的学习目标？（　　）
　　A. 完成且效果好　　　B. 完成但效果不好　　　C. 未完成
　(2)是否积极学习，不懂的是否积极向别人请教，是否积极帮助他人学习？（　　）
　　A. 积极学习　　　　　　　　　　　　B. 积极请教
　　C. 积极帮助他人　　　　　　　　　　D. 三者都不积极
　(3)工具有没有落地，有无保持作业现场的整洁？（　　）
　　A. 无掉地且场地整洁　　　　　　　　B. 有颗粒掉地
　　C. 保持工件表面清洁　　　　　　　　D. 未保持钣件表面及作业现场的清洁
　(4)实施过程中是否注意操作质量和有责任心？（　　）
　　A. 注意质量,有责任心　　　　　　　B. 不注意质量,有责任心
　　C. 注意质量,无责任心　　　　　　　D. 全无
　(5)在操作过程中是否注意消除安全隐患，在有安全隐患时是否提示其他同学？（　　）
　　A. 注意,提示　　　　　　　　　　　B. 不注意,未提示

　　　　参与评价的同学签名：_____　　_____年_____月_____日

**3. 教师评价及答复**
_____
_____
_____
_____
_____
_____
_____
_____

　　　　　　　　教师签名：_____　　_____年_____月_____日

## 五、技能考核标准

| 序号 | 项目 | 操作内容 | 规定分 | 评分标准 | 得分 |
|---|---|---|---|---|---|
| 1 | 准备工作 | 工具设备的准备<br>防护用品的准备<br>场地的准备<br>学习资料的准备<br>个人状态的准备 | 10分 | 准备不充分酌情扣1~4分<br>不会准备或未准备扣10分<br>个人状态不好扣5分 | |
| 2 | 工具设备的认识 | 手动工具认识<br>机械工具认识<br>其他设备认识 | 5分<br>5分<br>10分 | 不全扣1分,不会扣5分<br>不全扣1分,不会扣5分<br>不全扣1分,不会扣10分 | |
| 3 | 压缩空气系统认识 | 系统组成认识<br>系统特性分析 | 5分<br>5分 | 不全扣1分,不会扣5分<br>不详扣2分,错误扣5分 | |
| 4 | 喷枪的认识与使用 | 分类的认识<br>喷枪调整<br>喷枪使用<br>喷枪清洁 | 5分<br>8分<br>10分<br>7分 | 不全扣1分,不会扣5分<br>不当扣2分,不会扣8分<br>不当扣2分,不会扣10分<br>不当扣2分,错误扣7分 | |
| 5 | 完成时限 | 45min | 10分 | 超时1min扣2分 | |
| 6 | 安全生产 | 个人防护<br>设备安全<br>人员安全<br>场地安全 | 4分<br>2分<br>2分<br>2分 | 防护不全扣4分<br>隐患扣1分,事故扣2分<br>隐患扣1分,事故扣2分<br>隐患扣1分,事故扣2分 | |
| 7 | 结束工作 | 5S工作 | 10分 | 错一项扣1分,扣完为止 | |
| | | 总分 | 100分 | | |

# 学习任务三　涂装前的表面预处理

**任务要求**

完成本学习任务后,你应:
1. 熟悉表面预处理的各项工艺流程;
2. 掌握表面预处理各项工艺的操作方法;
3. 能准确地进行涂层评估;
4. 能制定切实可行的操作方案。

建议学时:10 学时

## 任务描述

王女士开着自己的标致 206 爱车在三环路上被旁边的东风本田 CRV 擦挂,导致右后车门表面受损。她到保险公司指定修理厂进行涂装作业,由于不是东风标致特约维修站,该修理厂并无标致 206 轿车的全套维修手册及涂层信息。因此,在进行该车涂装前,需要进行涂层判断、损伤评估、底材处理等相应的预处理工作。请你根据上述信息,采用合理的方案,完成表面预处理工作。

## 学习流程

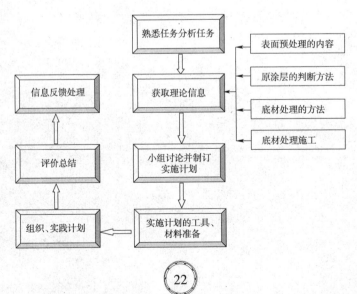

# 学习任务三　涂装前的表面预处理

## 一、理论知识准备

**1. 表面预处理**

表面预处理是汽车车身修补涂装的第一个环节,也是涂装质量达标的基础,表面预处理的环节没做好,后面的所有工序都会受到影响。因此,必须扎实做好表面预处理。

表面预处理主要包括车身清洁、车身除油除脂、对旧涂层的鉴别、底材的鉴别、损伤程度评估、除旧漆旧锈、打磨羽状边、刷涂环氧底漆等内容。

**2. 全车车身清洁**

虽然涂装操作可能是车身的某一块板件或板件的某一部分,但仍需要彻底清洗整车上的泥土、污垢和其他异物,如图3-1所示。尤其注意门边框、行李舱、发动机舱罩缝隙和轮罩处的污垢,如果不清除干净,新油漆的漆膜上就可能会沾上很多污点。一般使用纯净水冲洗车身,再用车辆清洗剂清洗,然后用水彻底冲净。

**3. 原涂层的鉴别**

鉴别汽车车身原涂层涂料类型以及底材材料,对修补涂装十分必要。如果修补施涂上去的涂料与原涂层不匹配,很可能造成咬起、泛白、脱落、严重色差等质量问题,从而增加工作量甚至返工。常用的鉴别方法有:

(1)溶剂法。采用硝基稀释剂作用在原涂层上,如果原涂层出现溶解,则说明原涂层使用的是溶剂挥发型涂料。修补喷涂时就得考虑溶剂成分是否会溶解原涂层,造成咬起、起皱等缺陷。如果原涂层不溶解,则说明原涂层可能是烘烤型或双组分型涂料,修补施涂的新涂层涂料中的溶剂一般不会对原涂层造成影响。但如果烘烤型或双组分型涂料未完全固化,则涂抹硝基稀释剂时易出现涂膜膨胀或收缩,此时新涂层喷涂时也需考虑溶剂对原涂层的影响。

(2)打磨法。采用干磨砂纸打磨原涂层表面,砂纸上如果沾有带颜色的涂料,则说明原涂层是单层素色漆。如果没有颜色涂料,是透明颗粒,则说明原涂层是喷涂有清漆的双涂层或多涂层。

打磨法还可以初步判断原涂层是修补漆还是原厂漆。方法为:从面漆层打磨至金属层,如果涂层中出现腻子层,则说明是修补漆;或涂层中出现两道中涂底漆层,也说明是修补漆;如果打磨颗粒细润而均匀,则很可能是原厂漆。如图3-2所示。

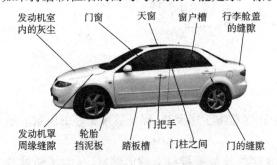

图3-1　全车车身清洗应注意的部位

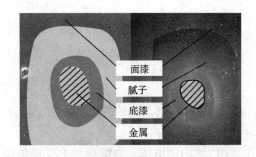

图3-2　采用打磨法进行涂层鉴别

(3) 测厚法。采用漆膜测厚仪对原涂层进行测量,如果全车车身的漆膜厚度基本一致,则说明是固化很好的原厂漆,如果有较大差距,则是修补漆,要弄清楚修补漆的涂料性质。如果无法确认,最好是清除掉整个旧漆层,重新涂装。

(4) 硬度法。采用铅笔硬度计或者指甲在原涂层上划试,如果出现较深的划痕,则很可能是固化不好的双组分涂料或自干漆,说明是修补漆,要查明修补涂层的涂料性质,再进行修补涂装。

(5) 直接查询法。通过厂商提供的资料以及车身铭牌上涂料代码信息,在电脑或相关资料中找到该车型原涂层的有关信息,根据具体内容进行修补涂装。

**4. 损伤评估**

准确地对受损部位进行损伤评估,是节约维修成本、保证后续涂装质量的重要依据。只有准确地评估出受损位置、受损面积、受损强度,才能很好地确定维修工序,根据维修工序准备相应的工具和材料,再根据准备的材料,合理地安排各工序的操作与衔接,从而保质、保量、高效地完成涂装修复作业。

常用的损伤评估方法有以下3种,这3种方法通常在1次作业中综合使用。

(1) 目测法。用试灯或工作灯照在受损板材上,根据光的折射和反射原理,找到受损部位,用记号笔对其标示。这种方法只能判断出大致的受损面积,不能准确评估受损程度的深浅。

(2) 触摸法。采用手的良好感觉,在板材上进行触摸判断,从而准确找到受损部位及受损程度。这种方法需要一定的实践经验,初学者通常不太容易准确评估,如图3-3所示。

(3) 直尺法。采用直尺在车身上进行测量,观察直尺与车身部位的间隙,如果均没有间隙或间隙均匀,则说明板材没有受损,如果有,则能准确地找到受损部位以及受损程度。这种方法在教学和实践中均应用较广泛,如图3-4所示。

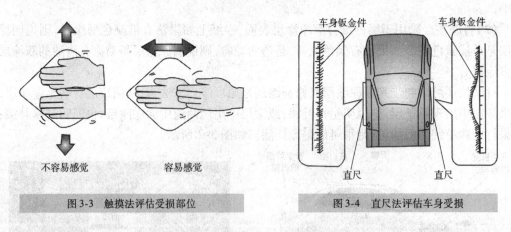

图3-3 触摸法评估受损部位　　　　图3-4 直尺法评估车身受损

**5. 底材处理**

底材处理,是为之后的原子灰施工以及中涂底漆施工做铺垫,保证后续工序的质量。通常包含以下几个内容。

(1) 除旧漆旧锈。清除板材上受损的原漆层以及金属板材上的旧锈,这是为了使修补涂层能良好地与板材进行附着及防护,保证修补涂装作业之后,质量可靠,外形美观。除旧漆旧锈的方法有纯手工法(常用工具如图3-5所示)、火烧法、机械打磨法(采用设备如图3-6所示)、喷砂法(采用设备如图3-7所示)和化学法(常用材料如图3-8所示)。现代汽车修补涂装常用的除旧漆旧锈方法主要是化学法和机械打磨法。化学法采用化学溶剂溶解或化学反应的形式,将原有漆层进行清除。这种方法速度快,效率高。但由于化学溶剂的腐蚀性,对汽车上的塑料、橡胶、实木、玻璃等材料具有很大的副作用,因此,化学法通常应用在独立的金属拆卸件或大型的船舶涂装上。机械打磨法具有操作简单,设备及工具品种多,适应范围广等优点,被广泛地应用在汽车车身修补涂装的除旧漆旧锈作业中。

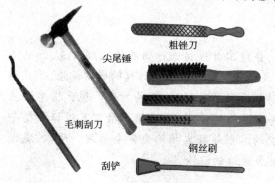

图3-5　常用除旧漆手动工具

图3-6　常用除旧漆机械打磨设备

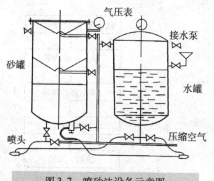

图3-7　喷砂法设备示意图

图3-8　常用脱脂除锈钝化剂

 注意

　　采用机械打磨时,打磨头有软、硬之分。两种打磨头的操作方法是不同的。它们的操作方法如图3-9所示。

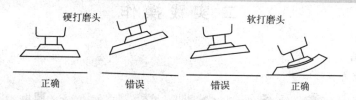

图3-9　硬质和软质打磨头的正确使用方法

(2)打磨羽状边。打磨羽状边是为了使作业区域没有明显的台阶和缺口,保证原子灰的良好附着以及与作业周边的平稳过渡。从而使修补涂层与周围的原涂层能很好的衔接,如图3-10所示。

(3)施涂环氧底漆。汽车车身的金属件在除旧漆旧锈作业中有可能使防腐的磷化层受损,从而吸收水分,出现生锈腐蚀等现象。为了对金属层进行良好的防腐保护,通常要对打磨好羽状边的作业面进行环氧底漆或者磷化底漆的施涂。

汽车车身在制造过程的涂装工艺里,会对车身板材进行彻底的脱脂清洗、静电清除、磷化处理等,然后采用电泳浸涂的方式对裸板材进行防锈防腐的底漆施涂,并且高温(120℃～150℃)干燥成膜。因此,防锈底漆层质地坚硬,不易打磨。现代轿车涂装修复中,采用打磨机机械除旧漆层时不易损伤防锈涂层,且后续干磨工艺保证了整个涂装修复作业中不会渗入水分,各涂料中的溶剂等挥发物均会完全蒸发。所以,现代车身修复涂装常采用简化工艺,省略了环氧底漆的施涂。

**6. 汽车车身表面预处理的工艺流程**

汽车车身表面预处理的工艺流程如图3-11所示。

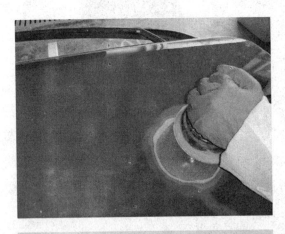

图3-10　打磨羽状边

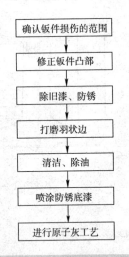

图3-11　汽车车身表面预处理的工艺流程

## 二、实践操作

**1. 实践准备**

(1)工具准备。

①防护装备:

②使用工具：气体吹枪、手动铲刀、直尺、手动打磨块、气动打磨机、无尘干磨系统、尖尾锤。

(2)材料准备：除尘布、除油剂、清洗剂、门皮、打磨架、干磨砂纸（120目、180目）、工作页。

(3)场地准备：底材处理工位。

**2. 注意事项**

(1)打磨工作人员应该佩戴防护眼镜和防尘面罩。

(2)检查磨灰机托盘的品种及规格是否与当前操作所要求的性能相一致。破损的叶轮，即使只有一点缺陷，也绝不能继续使用。

(3)检查气源或电源是否在该产品所规定的范围内。

(4)将电源插入插座之前，应仔细检查磨灰机的电源开关是否关闭。

(5)更换托盘时，务必认真按照说明书的要求进行操作。

(6)绝不可采用打磨机打磨铝材、塑料等。可采用磁铁检查基材。

(7)绝不可采用打磨机交叉打磨曲面弧度较大、凸出很高的表面或非常凹的表面。

(8)绝不可采用打磨机打磨边角、皱褶缝、焊缝、粘接处或刮涂过塑料密封胶的区域。

(9)打磨的工艺流程要规范。

**3. 作业准备**

(1)进入工位前，将工位清理干净，准备好相关器材。

(2)操作人员应整齐、规范地穿戴个人安全防护。

(3)检查所使用设备能否正常工作。

(4)根据工作流程作业单再次确认所需要材料是否齐全，摆放是否到位。

**4. 汽车车身涂装的表面预处理过程实施**

(1)车身清洁。

汽车修补涂装虽然只是局部作业，但如果车身整体不洁净，在作业时就有可能造成污染和干扰，从而影响涂装质量。因此，在涂装作业前一定要对全车进行清洗，如图3-12所示。

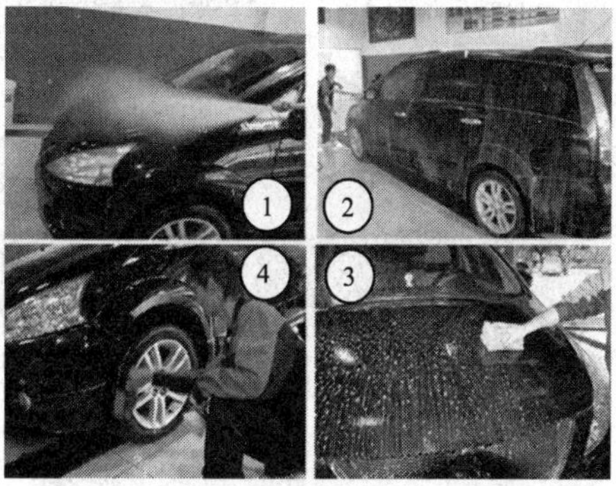

全车清洗的步骤见表3-1。

(2)损伤评估。

图3-12 全车清洗过程

根据前面理论知识的准备，采用目测、触摸和直尺三种方法相结合的方式，找到具体的损伤位置以及损伤的范围、程度等。

(3)机械法打磨旧涂层。

①根据学习任务一的介绍以及防护装备的准备穿戴好安全劳保用品。

②戴好手套，然后轻轻地摸一遍待打磨表面，这有助于操作工人决定如何进行打磨。

③握紧打磨机，打开开关并将其以5°~10°角移向待加工表面。

④使打磨机向右移动，打磨机叶轮左上方的1/4对准加工表面，如图3-13所示。

⑤当打磨机从右向左移动时,叶轮右上方的1/4对准加工表面,如图3-14所示。

全车清洗步骤　　　　　　　　　　　表3-1

| 序号 | 清洗步骤 |
|---|---|
| 1 | 取出地毯清洗、晾干,清理烟灰盒、沙发坐垫等物品 |
| 2 | 关好车门窗 |
| 3 | 在开始清洗汽车之前将汽车表面淋湿,这一步很重要,可以大大减少划伤汽车表面的可能性 |
| 4 | 配制清洗液。不同的清洗液,与水的调和比例是不同的,请参照说明书具体配制 |
| 5 | 用软海绵擦洗全车,顺序为从上到下,从一侧到另一侧 |
| 6 | 按第5步的步骤冲洗整车。采用清水将第5步留下的清洗液冲洗干净 |
| 7 | 按冲洗相同的顺序用压缩空气吹干车身表面或用干净的鹿皮(或绒布)擦干 |

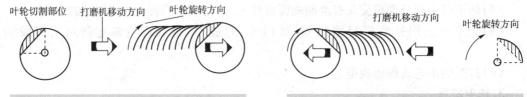

图3-13　打磨机向右打磨的正确操作　　　　图3-14　打磨机向左打磨的正确操作

⑥打磨较为平整表面时的移动方式如图3-15所示。

⑦对于较小的凹陷处,应采用如图3-16所示的方法进行处理。

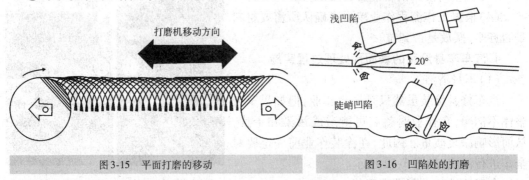

图3-15　平面打磨的移动　　　　图3-16　凹陷处的打磨

(4)打磨羽状边。

①根据学习任务一的介绍以及防护装备的准备穿戴好安全劳保用品。

②采用无尘干磨系统,选用120目干磨砂纸进行打磨。

③开启无尘干磨系统,将双作用打磨头平放在需打磨区域的边缘线上,再启动打磨机。

④沿需打磨区域边缘线方向进行圆周打磨,如图3-17a)所示;切勿沿90°角的切线方向打磨,如图3-17b)所示。

⑤采用180目干磨砂纸对羽状边及待涂装区域进行砂光,以得到较为平整细腻的作业面。砂光的操作如图3-18所示。

## 学习任务三 涂装前的表面预处理

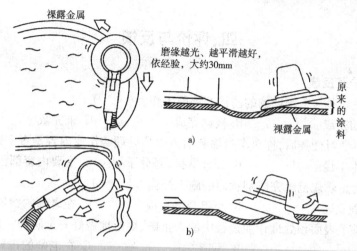

图3-17 打磨羽状边的方法

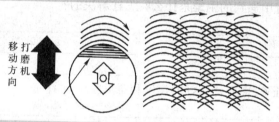

图3-18 砂光的方法

# 三、学习拓展

(1) 汽车修补涂装除旧涂层的方法。

汽车修补涂装除旧涂层的方法有纯手工法、火烧法、机械打磨法、喷砂法及化学法等5种。现在常用的是化学法和机械打磨法。这5种方法各自的优缺点见表3-2。

各种除旧涂层的方法一览表　　　　表3-2

| 序号 | 工艺名称 | 优　点 | 缺　点 |
| --- | --- | --- | --- |
| 1 | 纯手工法 | 无特别工艺工具要求 | 作业效率低,强度大 |
| 2 | 火烧法 | 除漆快,工具要求简单 | 不易控制温度,易伤板材 |
| 3 | 机械法 | 作业效率高,强度小 | 综合要求高,工具和耗材选用不当会影响效率和质量 |
| 4 | 喷砂法 | 作业效率高且不伤底材,适用的范围广,成本低 | 清理太厚的旧漆层时比较困难 |
| 5 | 化学法 | 作业强度小,设备投入少 | 作业时要求对人员和工件进行防护,谨防劣质脱漆剂腐蚀底材 |

(2) 查阅资料,说明汽车制造涂装工艺的表面预处理有哪些作业内容？将修复涂装和制造涂装的表面预处理如"学习拓展1"一样进行汇总对比。

# 四、评价与反馈

**1. 自我评价及反馈**

(1) 能否主动参与工作现场的清洁和调整工作?(　　)
　　A. 主动完成　　　　　B. 被动完成　　　　　C. 未完成

(2) 完成本学习任务后,你对车身涂装前表面预处理的作业内容是否掌握?(　　)
　　A. 基本不懂　　　　　B. 部分掌握,部分了解　　C. 主要内容都已掌握

(3) 你能否正确规范地完成羽状边的施工操作?(　　)
　　A. 能独立完成　　　　B. 小组合作完成　　　　C. 在老师的指导下完成

(4) 你在整个表面预处理作业过程中能否正确、规范地做好安全防护?(　　)
　　A. 能　　　　　　　　B. 不能　　　　　　　　C. 在老师的指导下能做好

(5) 你在作业过程中遇到的困难是什么?怎样解决的?
　　_____
　　_____

(6) 关于本学习任务,你有什么好的建议和意见?
　　_____
　　_____

　　　　　　　　　签名:_____　　_____年_____月_____日

**2. 小组评价及反馈**

(1) 是否完成本学习任务的学习目标?(　　)
　　A. 完成且效果好　　　B. 完成但效果不好　　　C. 未完成

(2) 是否积极学习,不懂的是否积极向别人请教,是否积极帮助他人学习?(　　)
　　A. 积极学习　　　　　　　　　　　B. 积极请教
　　C. 积极帮助他人　　　　　　　　　D. 三者都不积极

(3) 工具、设备、耗材等有没有落地,有无保持作业现场的整洁?(　　)
　　A. 无掉地且场地整洁
　　B. 有腻子颗粒掉地
　　C. 保持工件表面清洁
　　D. 未保持钣件表面及作业现场的清洁

(4) 实施过程中是否注意操作质量和有责任心?(　　)
　　A. 注意质量,有责任心　　　　　　B. 不注意质量,有责任心
　　C. 注意质量,无责任心　　　　　　D. 全无

(5) 在操作过程中是否注意消除安全隐患,在有安全隐患时是否提示其他同学?(　　)
　　A. 注意,提示　　　　　　　　　　B. 不注意,未提示

　　　　参与评价的同学签名:_____　　_____年_____月_____日

**3. 教师评价及答复**

_____
_____

教师签名：_____  _____年_____月_____日

## 五、技能考核标准

| 序号 | 项目 | 操作内容 | 规定分 | 评分标准 | 得分 |
|---|---|---|---|---|---|
| 1 | 准备工作 | 工具设备的准备<br>防护用品的准备<br>场地的准备<br>学习资料的准备<br>个人状态的准备 | 10分 | 准备不充分酌情扣1~4分<br>不会准备或未准备扣10分<br>个人状态不好扣5分 | |
| 2 | 全车清洁 | 清洗方法<br>清洗顺序<br>调配清洗剂 | 3分<br>3分<br>2分 | 不当扣1分,不会扣3分<br>顺序混乱扣3分<br>不当扣1分,不会扣2分 | |
| 3 | 损伤评估 | 评估方法<br>评估结果 | 5分<br>5分 | 不当扣2分,不会扣5分<br>不详扣2分,错误扣5分 | |
| 4 | 除旧涂层 | 方法的选择<br>工具的使用<br>质量结果 | 3分<br>4分<br>5分 | 不当扣1分,不会扣3分<br>不当扣1分,不会扣4分<br>不详扣2分,错误扣5分 | |
| 5 | 磨羽状边 | 设备的使用<br>质量效果<br>处理方法 | 5分<br>5分<br>5分 | 不会使用扣3~5分<br>质量不当扣3~5分<br>处理不及时扣2~3分 | |
| 6 | 除尘除油 | 除油剂的选择<br>除油的方法<br>质量效果 | 5分<br>5分<br>5分 | 不会选择扣5分<br>不当扣2分,不会扣5分<br>不详扣2分,错误扣5分 | |
| 7 | 完成时限 | 45min | 10分 | 超时1min扣2分 | |
| 8 | 安全生产 | 个人防护<br>设备安全<br>人员安全<br>场地安全 | 4分<br>2分<br>2分<br>2分 | 防护不全扣4分<br>隐患扣1分,事故扣2分<br>隐患扣1分,事故扣2分<br>隐患扣1分,事故扣2分 | |
| 9 | 结束工作 | 5S工作 | 10分 | 错一项扣1分,扣完为止 | |
| | | 总分 | 100分 | | |

# 学习任务四　腻子的施工

**任务要求**

完成本学习任务后,你应:
1. 了解腻子及固化剂的性能与特性;
2. 熟悉腻子施工的工艺流程;
3. 掌握腻子施工的操作要领;
4. 能制订切实可行的操作方案。

建议学时:26 学时

## 任务描述

李老师的奇瑞 A2 轿车在交通事故中导致右前门受损变形,在特约维修站经过钣金工人修复后,受到损坏的底材恢复到原有的形状。喷涂工人检查确认还需要在钣件底材上涂刮一层腻子,填充钣材凹坑,产生一个平滑的表面,才能进行中涂底漆及面漆的喷涂作业,以恢复原有光泽的车身表面。

## 学习流程

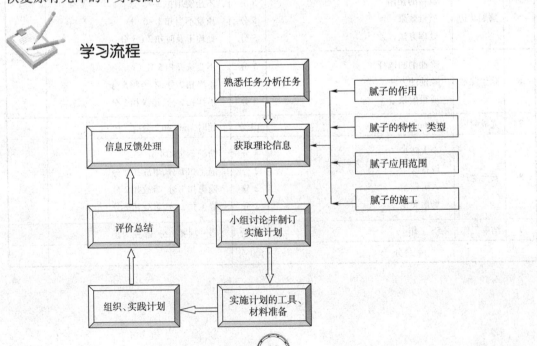

## 一、理论知识准备

**1. 腻子的组成及其作用**

腻子是一种以颜料、填充料、树脂、催干剂调配而成的呈浆状的材料,用于预涂底漆的底材,以填平物体表面的凹坑、焊接缝及擦伤、锈蚀等缺陷,直至形成平整光滑的表面。

腻子能使受到损坏的底材恢复到原有的形状,是一种快速而低成本的修补方法。

**2. 腻子的特性**

(1) 与底漆、中涂底漆及面漆有良好配套性,不发生咬底、起皱、开裂、脱落等现象,有较强的层间黏合力。

(2) 具有良好的刮涂性能,垂直面涂装性能良好,无流淌现象,有一定韧性,附着力好,刮涂时腻子不反转,薄涂时腻子层均匀光滑。

(3) 打磨性良好,腻子层干燥后软硬适中,易打磨,不黏砂,能适应干膜或湿磨。打磨后腻子层边缘平整光滑且无接口痕迹。

(4) 干燥性能良好,能在规定时间内干燥、打磨。

(5) 形成的腻子层要有一定的韧性和硬度,以防汽车行驶中的振动引起原腻子层开裂,或轻微碰撞引起底凹或划痕。

(6) 具有较好的耐溶剂和耐潮湿性,否则,会引起涂层起泡。

**3. 腻子的类型**

腻子有很多类型,在施工时,可以根据不同情况合理选用。

1) 聚酯腻子

聚酯腻子由不饱和聚酯树脂、填料、少量颜料及苯乙烯配置组成,属于双组分型腻子。使用时它要和固化剂(有机过氧化物)调配后才能使用。

由于聚酯腻子干燥速度快,受气候影响小,腻子层牢固,附着力强,不易开裂,刮涂、堆积、填冲性能好,硬度高,打磨性好,表面细滑光洁,固化后收缩性好,能与多种面漆调配使用,可以大大提高施工速度和产品质量,因此在汽车修理行业被广泛使用。

2) 硝基腻子

硝基腻子是一种单组分腻子,主要由硝化棉、醇酸树脂、顺酐树脂、颜料、大量体质颜料和稀料组成。

硝基腻子干膜后易打磨,在汽车修补中,常用于填充喷涂中涂底漆后的刮痕、针孔或浅凹坑等。

3) 环氧腻子

环氧腻子主要由环氧树脂组成,属于双组分型腻子,用胺作固化剂。

由于对各种基底材料有良好的防锈和附着力,环氧树脂经常用于修理塑料零件。但就变曲、成形和打磨性能来讲,没有聚酯腻子好。

**4. 腻子的应用范围**

根据腻子的特性结合板件工况,不同的腻子具有不同的应用范围,见表4-1。

腻子的类型　　　　　　　　　　　　　　　　表4-1

| 类型 | 适用底材 | 应用范围和特性 | 一次涂刮最大厚度 | 最大涂层厚度限制 |
|---|---|---|---|---|
| 聚酯腻子 | 厚型 金属 | 涂刮厚层,有良好的成形和附着性,但是,在刮灰刀下的延展性能不足,纹路粗糙,有许多针孔。现在广泛采用轻质腻子 | 10mm | 10~12mm |
| | 中型 金属 | 具有厚型和薄型的特点,轻质型含有轻质材料,也可直接作为中涂涂装。在某种程度上,涂刮厚层,纹路光滑,打磨性好 | 5mm | 5~10mm |
| | 薄型 | 用于填充小坑,和最后一道腻子,纹路精细,刮刀延展性好,不易形成针孔 | 2~3mm | 3~5mm |
| 环氧树脂腻子 | 塑料 | 广泛用于塑料件,对各种类型材料如金属盒树脂有良好的附着力,并且有点柔软性 | 2mm | 5~10mm |
| 硝基腻子 | 底漆 | 用于填充中涂底漆后的打磨痕迹和针孔。属于单组分,干得快,易于使用。如果涂得很厚,则干慢并且缩皱,降低性能 | 0.1mm | 0.1~0.2mm |

**5. 涂刮腻子与打磨腻子操作流程**（图4-1）

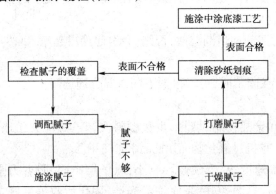

图4-1　腻子施工操作流程

# 二、实 践 操 作

**1. 实践准备**

（1）工具准备。

①防护装备：

②使用工具：吹尘枪、灰板、刮刀、红外线烤灯、吸尘设备、气动打磨机或手磨板。

（2）材料准备：除尘布、除油剂、清洗剂、门皮、打磨架、P38腻子套装、气动打磨机或手磨板配套砂纸、干磨流程作业单。

(3)场地准备:腻子施工工位。

**2. 注意事项**

(1)规范穿着、防护,规范使用工具及其设备,注意操作安全。

(2)刮涂前被涂装表面必须干透,以防产生气泡或龟裂。若被涂装表面过于光滑,可用80#干磨砂纸打磨。

(3)腻子与固化剂混合比例正确。

(4)腻子与固化剂混合后,必须在5min以内施涂完成。

(5)涂刮时,手法要快要稳,应在一两个来回中刮平,切不可多次来回拖拉。

(6)如果需涂刮的腻子层较厚,需要进行多次涂刮时,每涂刮一道都要充分干燥,每道腻子不宜过厚,一般应控制在0.5mm以内,否则容易收缩开裂或干不透。

(7)涂刮时,涂刮腻子周围极件残余腻子要收拾干净。

(8)腻子不能长期存放于敞口的容器中,以免胶黏剂变质,溶剂挥发,造成黏挂不住,出现脱落或不易涂刮等问题。

(9)涂刮后剩余腻子应放入指定的盛水容器里。

(10)刮刀在使用以后,要立即用清洗剂(香蕉水)清洗干净后再保存。

(11)腻子加热干燥后,其表面温度要降到室温以后才能开始打磨。

**3. 作业准备**

(1)进入工位前,将工位清理干净,准备好相关器材。

(2)操作人员应整齐、规范地穿戴个人安全防护用品。

(3)检查所使用设备能否正常工作。

(4)根据工作流程作业单再次确认所需要材料是否齐全,摆放是否到位。

**4. 刮刀腻子涂刮方法**

虽然拿刮刀的方法没有特别规定,但是图4-2所示为控制刮刀的有效方法。涂刮操作步骤如下:

(1)将腻子薄薄地施涂在工件涂刮区域表面上,如图4-3a)所示。

(2)第二次涂刮腻子时边缘不要过厚,如图4-3b)所示位置,用食指向刮刀的顶部施力,以便在顶部施涂一薄层。

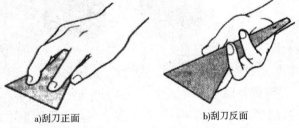

图4-2 刮刀拿法

(3)在下一道施涂腻子时,要与在第(2)步中涂刮的部分稍稍重叠,开始时涂一薄层,用一点力将刮刀抵压在工件表面上,然后释放压力,同时移动刮刀,如图4-3c)所示。

 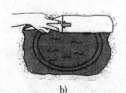 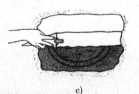 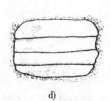

图4-3 刮涂步骤

(4)重复第(3)步操作,直到在整个表面上施涂的腻子达到要求,如图4-3d)所示。

**5. 腻子的施工**

腻子一般使用刮刀施工,刮涂的次数(层数)主要取决于底材的表面状况、施工质量要求、操作人员技术水平,一般刮涂1~4层,直至底材达到涂装要求。由于被施工件的平整度和光滑度主要由腻子来实现,因此不管什么种类的腻子都要经过以下施工过程,才能达到施工目的和实现使用价值。

(1)检查需要腻子覆盖的面积。

为了确定准备多少腻子,要再次估计损坏的程度,但此时不能接触底材处理好的有关区域,以免再次在有关部位沾上油迹。

(2)调配腻子。

腻子装在罐中的时候,其各种成分,如溶剂、树脂及颜料会分离。由于腻子不可以以这种分离的形态使用,故在倒出罐子之前,必须彻底混合。将罐内的主剂调和均匀,底面黏度一致,以利于刮涂和固化,如图4-4所示。

①取出腻子。将适量的调和均匀的腻子基料取出放在腻子调和板上,然后按照规定的混合比例添加一定量的固化剂。固化剂按主剂2%~3%的比例加入(具体参考供应商的调配要求),如图4-5所示。

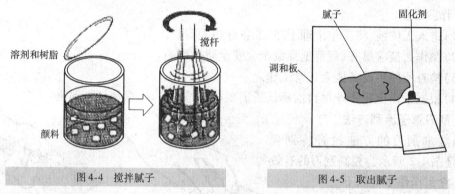

图4-4 搅拌腻子　　　　　　图4-5 取出腻子

②混合腻子与固化剂。用刮刀来回刮抹腻子和固化剂,使之混合均匀(可从颜色混合均匀度观察),如图4-6所示。混合不均匀则产生固化不均、附着力差、起泡、剥落等现象。

当固化剂加入腻子基料时,固化过程便开始了。因此,完成腻子与固化剂混合及其进行涂刮腻子的时间不要过长,否则,涂刮还没完成混合腻子就固化了,这将会严重影响涂刮的效果与质量。即使要覆盖很大的面积,一次也不要拿太多的腻子。开始时应拿出一个乒乓球稍大一点量的腻子,如果需要,再添加。

如果要学习如何移动刮刀来混合腻子和涂刮腻子,在取出腻子后,不要加固化剂,使用腻子练习即可。

(3)施涂腻子。

一次不要施涂大量的腻子,根据要施涂面积的位置和形状,最好分几次施涂。

①第一次时,将刮刀拿得几乎垂直,并且将腻子刮在工件表面上,施涂一薄层,并确保腻子透入最小划痕和针孔中,从而增大附着力,如图4-7所示。

②在第二和第三次时,将刮刀倾斜35°~45°,腻子施涂的量要略多于所需要的量。每

次施涂以后,都要逐步扩大腻子施涂的面积。在边缘时刮刀的倾斜角度要大于中间时刮刀的倾斜角度,这才能保证边缘涂刮腻子较薄,形成斜坡,不产生厚边,如图4-8所示。

③最后一次施涂时,刮刀要拿得与工件表面基本持平,使表面平整,如图4-9所示。

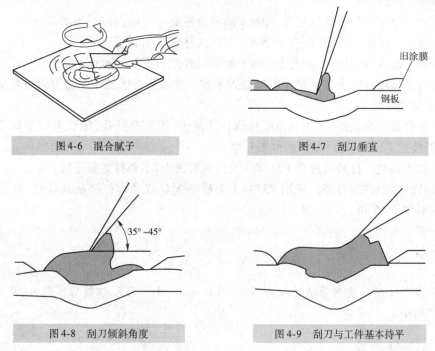

图4-6 混合腻子　　图4-7 刮刀垂直

图4-8 刮刀倾斜角度　　图4-9 刮刀与工件基本持平

(4)干燥腻子。

新施涂的腻子要在干燥后才能进行下一工序的打磨操作。新施涂的腻子会由于其自身的反应热再次变热,从而加速固化反应。一般来说,在施涂以后20～30min后即可打磨,如果气温低,或者湿度高,腻子的内部反应速度降低,从而需要较长时间来使腻子固化。

在实际工作中为了工作的需要,需进行加速腻子固化过程,这可以通过加热来实现干燥,例如:现在的4S店用红外线烤灯或干燥机来干燥。近几年的全国技能大赛也采用红外线烤灯干燥。

 小知识

　　用红外线烤灯来干燥,一定要将烤灯与腻子表面的距离保持在50cm以上,与腻子表面温度保持在50℃以下,以防止腻子起泡或龟裂。

(5)打磨腻子。

在腻子固化干燥后,为了提高新涂层在腻子表面的附着力,需要对腻子表面进行打磨处理。本书主要介绍腻子干磨。

干磨的方式分为机器打磨和手工打磨。机器打磨以双作用打磨机和轨道式打磨机最为

常用。腻子干磨工艺流程如下：

①清洁。清除腻子表面及四周的灰尘。

②涂抹打磨指示层(碳粉)。每更换一道砂纸打磨前都要涂抹碳粉指示层，显示未打磨区域及砂眼，方便矫正。

③粗磨。使用吸尘干磨机配合P80#干磨砂纸在腻子范围内进行粗磨。

④中磨。涂抹指示层后，配合P120#干磨砂纸仔细打磨腻子表面。

⑤细磨。涂抹指示层后，配合P180#干磨砂纸仔细打磨腻子表面。

⑥检查平整度。用手感觉腻子区域是否平整。如果修补区域不平整可再进行腻子涂刮(返回腻子涂刮工序)。

⑦检查针孔。彻底清洁，用吹枪吹掉修补区灰尘，如果有针孔，用双组分型腻子进行填补，并重新使用P120#~P180#干磨砂纸打磨。

⑧羽状边打磨。打磨机配合P240#砂纸打磨羽状边，不要打磨腻子层。

⑨修补区周围过渡打磨。使用P320#干磨砂纸配合双动作打磨机及软垫，从羽状边至周边范围不少于15cm进行打磨。

 小知识

打磨砂纸筛目表示砂纸的粗糙程度，筛目越小，表示砂纸粗糙程度越大，反之，粗糙程度越小。

(6)清除砂纸划痕。

## 三、学习拓展

前面我们介绍了平整钣件修补区域腻子施工技术，非平面部位腻子涂刮工艺所用的设备，操作方法和注意事项与平面部位一样，下面我们介绍几种复杂平面钣件的腻子施工。

**1. 弧形表面腻子涂刮**

在弧形部位及角落时，使用橡胶刮刀较容易施工，橡胶刮刀拿法如图4-10所示。顶角涂刮如图4-11所示。涂刮倒置的"R"形部位时，不要施涂过量的腻子或留下任何刮刀掉下的颗粒，如图4-12所示。

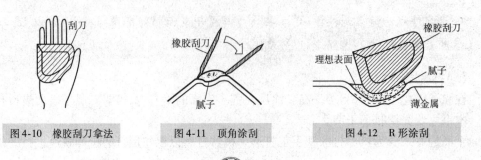

图4-10 橡胶刮刀拿法　　图4-11 顶角涂刮　　图4-12 R形涂刮

## 2. 菱形线条腻子涂刮

在对菱形线条形的钣件表面涂刮腻子时,下面的方法会产生很好的效果。

(1)沿菱角线贴胶带单边涂刮腻子,如图4-13a)所示。

(2)第(1)步骤涂刮的腻子半干后,去除胶带,如图4-13b)所示。

(3)将胶带沿菱角线贴在第(1)步骤涂刮的腻子上,如图4-13c)所示。

(4)反方向涂刮腻子,如图4-13d)所示。

(5)腻子半干后撕下胶带。

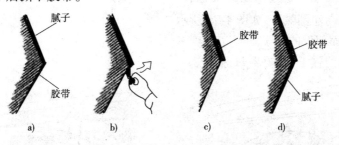

图4-13 菱形线条腻子涂刮步骤

## 3. 复杂表面(翼子板)上涂刮腻子

(1)在圆形"R"部分涂刮腻子。

①压住刮刀在整个部位涂刮腻子,在圆形部位的顶部涂刮适当的腻子,如图4-14所示。

②从一端起将腻子展平,如图4-15所示。

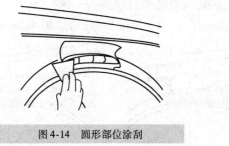

图4-14 圆形部位涂刮

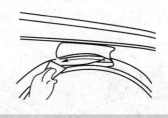

图4-15 展平腻子

③在圆形部位底面涂刮适当的腻子,如图4-16所示。

④为了减少先前涂刮腻子的步骤,从原先腻子的边缘展平腻子,如图4-17所示。

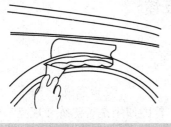

图4-16 圆形底部涂刮

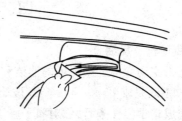

图4-17 圆形底部涂刮

(2)在分形部位涂刮腻子。

①在分形部位涂刮适量的腻子,如图4-18所示。

②逐渐向下拉动刮刀,否则会产生大的刮痕,如图4-19所示。

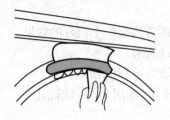 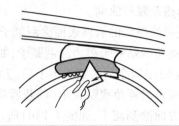

图4-18 涂刮适量腻子　　　　图4-19 拉动刮刀

③同样反方向涂刮腻子,如图4-20所示。
(3)涂刮平面部位的腻子。
①展平多余的腻子,如图4-21所示。

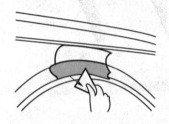 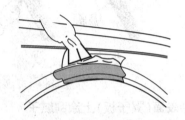

图4-20 反方向拉动刮刀　　　　图4-21 展平腻子

②涂刮适量的腻子,如图4-22所示。
③平整腻子,注意不要让刮刀接触到先前涂刮的腻子,如图4-23所示。
④涂刮倒置"R"部位时,用角度适合的橡胶刮刀的圆形部位涂刮,如图4-24所示。

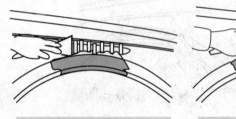 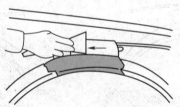 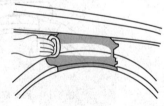

图4-22 涂刮适量腻子　　图4-23 拉动刮刀　　图4-24 橡胶刮刀的圆形部位

## 四、评价与反馈

**1. 自我评价及反馈**

(1)能否主动参与工作现场的清洁和调整工作?(　　)
　　A.主动完成　　　　B.被动完成　　　　C.未完成
(2)完成本学习任务后,你对腻子施工设备及工具的使用是否熟练和规范?(　　)
　　A.熟练规范　　　　B.规范但不熟练　　　C.不会使用
(3)你能否正确规范地完成腻子的施工操作流程?(　　)
　　A.独立完成　　　　B.小组合作完成　　　C.在老师的指导下完成
(4)你在腻子施工工艺流程过程中能否正确、规范地做好安全防护?(　　)

A. 能　　　　　　　　B. 不能　　　　　　　C. 在老师的指导下能做好
　(5)你在腻子施工工艺流程过程中遇到的困难是什么？怎样解决的？
　　_____
　　_____

　　　　　　　　签名：_____　　_____年_____月_____日

**2. 小组评价及反馈**
　(1)是否完成本学习任务的学习目标？(　　)
　　A. 完成且效果好　　　B. 完成但效果不好　　　C. 未完成
　(2)是否积极学习，不懂的是否积极向别人请教，是否积极帮助他人学习？(　　)
　　A. 积极学习　　　　　　　　　　B. 积极请教
　　C. 积极帮助他人　　　　　　　　D. 三者都不积极
　(3)工具与腻子颗粒有没有落地，有无保持作业现场的整洁？(　　)
　　A. 无掉地且场地整洁　　　　　　B. 有腻子颗粒掉地
　　C. 保持工件表面清洁　　　　　　D. 未保持钣件表面及作业现场的清洁
　(4)实施过程中是否注意操作质量和有责任心？(　　)
　　A. 注意质量，有责任心　　　　　B. 不注意质量，有责任心
　　C. 注意质量，无责任心　　　　　D. 全无
　(5)在操作过程中是否注意消除安全隐患，在有安全隐患时是否提示其他同学？(　　)
　　A. 注意，提示　　　　　　　　　B. 不注意，未提示
　　　　参与评价的同学签名：_____　　_____年_____月_____日

**3. 教师评价及答复**
　_____
　_____

　　　　　　　　教师签名：_____　　_____年_____月_____日

# 五、技能考核标准

| 序号 | 项目 | 操作内容 | 规定分 | 评分标准 | 得分 |
|---|---|---|---|---|---|
| 1 | 准备工作 | 工具设备的准备<br>防护用品的准备<br>场地的准备<br>耗材的准备<br>学习资料的准备<br>个人状态的准备 | 10分 | 准备不充分酌情扣1~4分<br>不会准备或未准备扣10分<br>个人状态不好扣5分 | |
| 2 | 腻子调和 | 腻子的量取<br>固化剂的计量<br>调和均匀度 | 2分<br>2分<br>3分 | 过多扣1分，不足扣4分<br>不当扣2分<br>未调和均匀扣3分 | |

续上表

| 序号 | 项目 | 操作内容 | 规定分 | 评分标准 | 得分 |
|---|---|---|---|---|---|
| 3 | 腻子刮涂 | 刮涂区域<br>刮涂步骤<br>刮涂层次 | 3分<br>5分<br>5分 | 区域覆盖不当扣2分<br>不当扣2分,不会扣5分<br>不详扣2分,错误扣5分 | |
| 4 | 腻子干燥 | 温度的调节<br>干燥的方法 | 5分<br>5分 | 不当扣1分,不会扣3分<br>不当扣1分,不会扣2分 | |
| 5 | 腻子打磨 | 指示层的施涂<br>砂纸的选择<br>打磨的方法 | 5分<br>7分<br>8分 | 不当扣2分,未涂扣5分<br>选择错误扣3~7分<br>不当扣2分,混乱扣8分 | |
| 6 | 质量考核 | 刮涂质量<br>打磨平整度<br>缺陷的填补 | 5分<br>5分<br>5分 | 不良扣2分,不符合扣5分<br>不良扣2分,不符合扣5分<br>不当扣2分,错误扣5分 | |
| 7 | 完成时限 | 45min | 5分 | 超1min扣1分,扣完为止 | |
| 8 | 安全生产 | 个人防护<br>设备安全<br>人员安全<br>场地安全 | 4分<br>2分<br>2分<br>2分 | 防护不全扣4分<br>隐患扣1分,事故扣2分<br>隐患扣1分,事故扣2分<br>隐患扣1分,事故扣2分 | |
| 9 | 结束工作 | 5S工作 | 10分 | 错一项扣1分,扣完为止 | |
| | | 总分 | 100分 | | |

# 学习任务五　中涂底漆的施工

**任务要求**

完成本学习任务后,你应:
1. 了解中涂底漆的种类及其特性;
2. 熟悉中涂底漆施工的工艺流程;
3. 掌握中涂底漆施工的操作要领;
4. 能制定出切实可行的操作方案。
**建议学时:24学时**

## 任务描述

李老师的奇瑞A2轿车右前车门受损变形,经过钣金修复,腻子涂刮后,腻子表面经过一定的程序处理并达到一定的表面要求时,需要在腻子表面喷涂中涂底漆,才能进行下一步的面漆喷涂操作,达到修复的效果。

## 学习流程

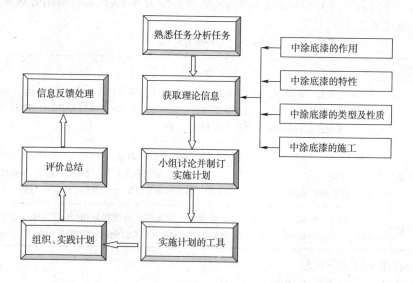

# 一、理论知识准备

**1. 中涂底漆的作用**

中涂底漆是底漆层与面漆层之间的涂层,也称之"二道底漆",俗称"二道浆"。它的作用主要是增加面漆层与下面涂层的附着力和防腐蚀性,填充微小的划痕、小坑等,提高漆面平整度。它作为被涂表面与涂层之间的媒介层,使两者牢固结合。中涂底漆同时具有底漆和末道底漆的特性。

**2. 中涂底漆的特性**

①与底漆、腻子旧涂层及面漆层有良好的配套性,例如它同时为底漆层和面漆层提供良好的附着力。

②干燥后涂层硬度适中,有良好的打磨性和耐水性,湿磨后表面平整光滑,无起皱、脱皮等,局部喷涂边缘平滑性好,无接口痕迹。

③有良好的填充性能,经打磨后能消除底材上的轻微划痕、砂痕、小孔等。

④有良好的隔离性能,防止底漆层、腻子层、旧涂层不良物质向面涂层渗出而污染漆膜表面,破坏面涂层的装饰性和阻止面涂层的溶剂渗透到底漆层、腻子层、旧涂层。

⑤能提供给面漆一个吸附性一致的涂面,同时由于其本身具有良好的防渗透性,可以提高面漆的光泽度,因此可以极大地提高面漆的装饰性。

⑥中涂底漆具有良好的施工性能,如温度适应性、干燥迅速、施工容易等。

**3. 中涂底漆类型及性质**

底漆的种类繁多,针对不同的底材要选用适当的底漆,如汽车上的材质除钢铁外,还有镀锌板及塑料等,正确选择合适的底漆是非常关键的。它不仅可以降低成本,方便施工而且可以延长漆膜耐久性,充分发挥漆膜作用,达到汽车涂装的质量要求。

根据组分可分为单组分和双组分;根据树脂种类分为环氧、硝基或双组分聚氨酯丙烯酸等,其类型、性质见表5-1。

中涂底漆类型及性质　　　　　　　　　　　　　　表5-1

| 类型 | 性　　质 |
|---|---|
| 硝基中涂底漆 | 是一种单组分中涂底漆(溶剂挥发型),主要分为硝化棉和醇酸或烯酸树脂。含颜料较多,易沉淀,使用时应彻底搅拌均匀,其黏度用硝基稀释剂调整。具有快干特性使其易于使用。可与各种硝基面漆以及双组分丙烯酸聚酯氨酯面漆调配使用 |
| 聚氨酯中涂底漆 | 主要由聚酯、丙烯酸和醇酸树脂组成,属于双组分型中涂底漆,使用聚异氰酸酯作为固化剂。一般小面积修补直接用于金属上或磷化底漆、环境底漆等表面。其附着力、耐水性、耐热性、耐化学性很好,打磨性及对面漆的保光性都非常好。但干燥得慢,需要以大约60℃强制干燥 |
| 热固性中涂底漆 | 属于单组分(热聚合)型中涂底漆。主要由三聚氰胺和醇酸树脂组成。在喷涂烘烤漆膜之前用作底漆,它不适合普通的修补涂装,因为必须在90～120℃之间的温度烘烤干燥 |

**4. 中涂底漆施涂工艺流程**

中涂底漆的施涂工艺流程如图5-1所示。

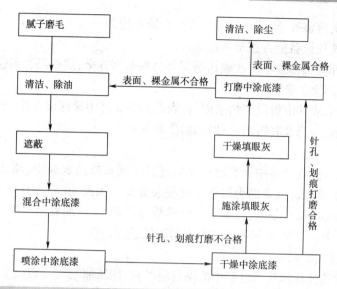

图 5-1 中涂底漆施涂工艺流程

## 二、实践操作

**1. 实践准备**

（1）工具准备。

① 防护装备：

② 需要设备：吹尘枪、底漆喷枪、压缩空气、过滤漏斗、喷涂架、喷漆房、干磨系统。

（2）材料准备：除尘布、除油布、除油剂、遮蔽纸及纸胶带、中涂底漆及配套的固化剂与稀释剂、干磨砂纸、工作页等。

（3）场地准备：实训室、喷漆房。

**2. 注意事项**

（1）规范穿着、防护，规范使用工具及其设备，注意操作安全。

（2）在使用中涂底漆前，必须搅拌使中涂底漆颜料充分混合均匀。

（3）按照底漆说明书比例添加固化剂与稀释剂使混合比例正确。

（4）调节好喷漆房喷涂参数。

（5）喷枪的各项参数调整应参阅所用中涂底漆的使用说明。

（6）将调配好的中涂底漆用喷枪喷到工件腻子表面，第一层喷涂完毕后要留有足够的静置干燥时间，待第一层干燥面失去部分光泽后，再继续喷涂第二、第三层中涂底漆。

（7）中涂底漆涂膜厚度根据底漆品种确定。涂层应均匀、完整，不应有露底或流挂现象。

（8）彻底干燥后，按照打磨工艺规程打磨中涂底漆。

**3. 作业准备**

（1）进入工位前，将工位清理干净，准备好相关器材。

(2)操作人员应整齐、规范地穿戴个人安全防护用品。
(3)检查所使用设备能否正常工作。
(4)根据工作流程作业单再次确认所需要材料是否齐全,摆放是否到位。

**4. 中涂底漆施涂工艺**

在腻子施涂完成并取得良好结果以后,表面必须经过中涂底漆工序,该工序包括表面修饰,清除打磨划痕、防锈及其封闭,以增加面漆的附着力。

(1)打磨。

如果不作任何处理就将中涂底漆或涂料直接涂到重修的表面上,那么涂层之间的附着力是很差的,当受到振动或弯曲力时涂层往往会分离。因此,在施涂任何涂层前,必须产生一些诸如砂纸那样的微小划痕,以暴露工件的活性表面,并增加表面面积,从而提高附着力。这个工序叫做打磨。常采用240#~320#干磨砂纸进行打磨。

(2)清洁和除油。

要特别注意从针孔和其他缝隙中清除打磨微粒,用压缩空气吹表面及周围面积,用除油剂进行正常的除油工作。

(3)遮护。

①遮护的作用。遮护是一种保护方法,使用胶带或纸盖住不需修饰的表面。它用于在打磨、喷涂或抛光时保护相邻的表面。

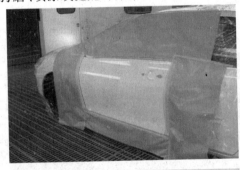

由于喷涂中涂底漆使用的空气压力低于施涂面漆的空气压力,所以工作表面的遮护工序比较简单。通常使用反向遮护法,以防止产生喷涂台阶。所谓反向遮护方法是指遮护纸的敷贴时里面朝外,所以沿边界黏有一薄层漆雾。这种方法用于尽可能减小台阶,使边界不太引人注目。当处理小面积(进行点喷)时,边界可以规定在一个给定的车身板内,遮蔽有关面积,防止中涂底漆过喷,如图5-2所示。

图5-2 反向遮蔽

> **注意**
> 
> 遮护材料要贴得让同样多的中涂底漆暴露出来,同时又不会超出打磨面积。为了防止在涂有中涂底漆的面积边缘产生台阶,要用"反向遮蔽"方法来粘贴遮蔽纸。

②遮护的范围。所用的重喷方法和喷枪的操作方法不同,要遮护面积的范围也不同。漆雾散射的范围因所进行的是点重喷还是大面积重喷而异。因此,必须适当地遮护在每一种情况下的最小面积。开始最好使遮护面积大于必须遮护的面积。在喷涂以后,查看遮护纸上是否有喷涂外溢的迹象。在随后的施工中,可以逐步缩小要遮护的面积。

③不可拆卸部件的遮护。将遮护胶带贴在不可拆卸的部件上,并留一个小小的间隙(等于涂层的厚度)。如果不留间隙,涂料形成的涂层将会连接新涂表面和遮护胶带,从而

使遮护胶带难以剥落。如果间隙太宽,那么遮护胶带便不能很好地遮护部件。

④圆面积的遮护。如果遮护胶带在圆面积上贴得很紧,那么它会在转角周围缩进去,从而暴露需要遮护的面积。为了解决这个问题,应该在接近转角的地方将胶带贴得稍松一点。

⑤双重遮护。通常使用的遮护胶带和纸,对涂料中所含有的溶剂的抵抗力不强。因此,在涂料易于聚积的地方(例如板边、沿特征线或要涂厚涂料的区域),贴双层遮护胶带和纸可以防止涂料透入遮护材料。

(4)混合中涂底漆。按照中涂底漆制造商的指标,使用适当的计算仪器,在要喷涂的中涂底漆中添加配套固化剂和稀释剂。底漆、固化剂和稀释剂的添加比例按照制造说明进行。

(5)喷涂中涂底漆。要获得平整光滑、厚度均匀、光泽度较好的漆面,除了具备涂料质量、底漆基础、适合规格的喷枪等因素外,还需要掌握正确的喷涂操作技术。

①喷枪的检查与调整。

检查喷枪枪帽、气孔、密封圈等有无损坏、堵塞等。调整喷枪的气压、扇幅、出漆量等。

a. 通过扇幅调整旋钮调整扇幅,出漆量旋钮调整出漆量多少,如图5-3所示。

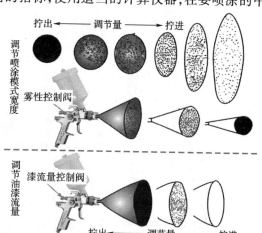

图5-3 喷枪的调整

b. 涂料分布的测试。调整好喷枪,在试喷纸上试喷,观察涂料的分布情况,如果不均匀分布,则容易出现颗粒、流挂等漆病。需要准确调整喷枪,如图5-4所示。

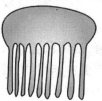  

a)合适的喷涂图形　　b)分离的喷涂图形　　c)中间过重的喷涂图形

图5-4 涂料分布测试

②喷涂压力的选择。正确的喷涂气压与涂料的种类、稀释剂的种类、稀释后的黏度有关,一般喷涂气压为0.35~0.5MPa,具体压力值需要进行试喷而确定。

③喷涂距离的确定。喷枪嘴与工件表面的距离应与喷枪的气压、喷枪的扇面调整大小以及涂料的种类相配合。喷涂距离过小,气流速度较高,涂层会出现波纹;距离过长,溶剂蒸发过多,涂层就会出现橘皮或发干。一般喷涂距离为16~25cm(可按涂料供应商提供的工艺条件操作)。实际距离可通过对贴在墙上的纸张试喷而定,如图5-5所示。

④喷涂角度的选择。喷枪与工作表面必须保持垂直,绝对不可使手腕或手肘作弧形的摆动,如图5-6所示。

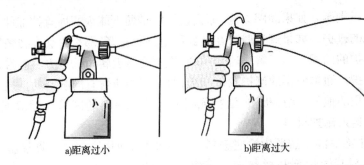

a)距离过小　　　　　　　　b)距离过大

图 5-5　喷涂距离试喷

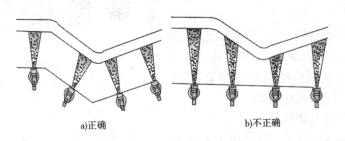

a)正确　　　　　　　　b)不正确

图 5-6　喷涂角度

⑤喷涂速度的选择。

喷枪的移动速度与涂料干燥速度、环境温度、涂料的黏度有关。速度太快,着色浅;速度慢,着色深,涂层厚,并可能产生流挂现象。因此,喷枪匀速移动速度除上述决定因素外,还取决于油漆的类型。就一般喷涂而言,喷枪匀速移动的速度在 30～60cm/s 为宜。

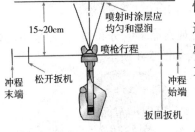

图 5-7　喷枪的控制

⑥喷枪的控制。

喷枪扳机扣得越紧,液体流速越大。为了避免每次走枪行将结束时所喷出的涂料堆积,控制喷枪扳机的手指要略略放松一点,以减少供漆量,如图 5-7 所示。

⑦喷涂重叠角。

为了获得均匀的涂层,喷雾涂层的厚度应该均匀,正确的喷雾图形重叠幅度应为第二层与上一层重叠 1/2～2/3,如图 5-8 所示。

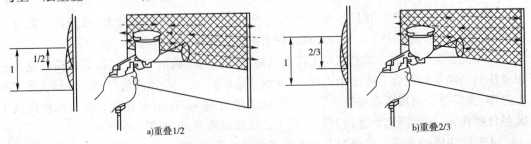

a)重叠1/2　　　　　　　　b)重叠2/3

图 5-8　喷幅重叠

（6）干燥中涂底漆。为了确保溶剂完全蒸发,可以使用强制干燥方法,如采用烤漆房或红外线烤灯进行干燥,如图5-9所示。

图5-9　中涂底漆的干燥设备

（7）中涂底漆的打磨,主要介绍干磨机打磨。当面漆喷涂素色漆时,采用双动作干磨机加软磨垫配合 320#~400#砂纸打磨;当面漆喷涂金属漆时,采用干磨机加软磨垫配合 500#~600#砂纸打磨。

（8）清洁、除尘。干磨结束后,用吹枪或除尘布进行清洁、除尘。

## 三、学习拓展

汽车修补涂装中,被涂物的情况不同,喷漆走枪的手法也略有不同,但是无论是什么形状的钣件,安装于什么位置,走枪时基本均按照从高到低、从左到右、从上到下、先里后外顺序进行。以下叙述几种常见钣件的喷漆走枪手法。

**1. 车门的喷涂顺序**

车门的喷涂顺序,首先喷涂框的顶部,然后下移至车门的底部。如果只喷涂一个车门首先应该喷涂车门边缘,如图5-10所示。

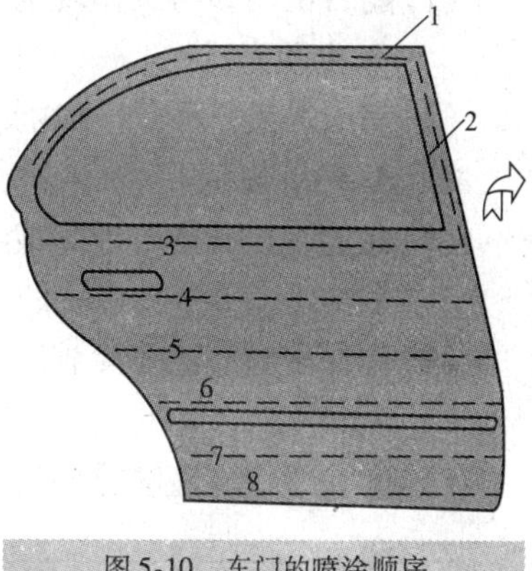

**2. 前翼子板的喷涂顺序**

发动机舱盖的边缘和前翼子板的翻边应该首先喷涂,然后是前照灯周围部分、面板的穿起部分,最后是面板的底部,如图5-11所示。

**3. 后翼子板的喷涂顺序**

首先应该喷涂边缘,然后采用自上而下的喷涂路径进行喷涂作业,如图5-12所示。

图5-10　车门的喷涂顺序

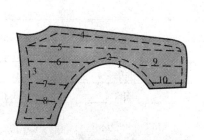

图5-11　前翼子板的喷涂顺序

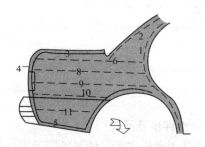

图5-12　后翼子板的喷涂顺序

**4. 发动机盖的喷涂顺序**

首先喷涂发动机舱盖的边缘,然后是发动机舱盖的前部,下一步是前翼子板的侧面。由于钣件较大,从中心开始向边缘进行喷涂,另一侧也使用相同的方法喷涂,如图5-13所示。

**5. 车顶盖的喷涂顺序**

为了便于车顶盖的喷涂施工,喷涂工人应该借助工具以便能够到车顶中心。首先从一侧的风挡边缘开始喷涂,然后从中心开始喷涂一侧,一侧完成后,再用相同的方法完成后部和侧面,如图5-14所示。

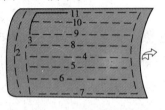

图5-13　发动机舱盖的喷涂顺序

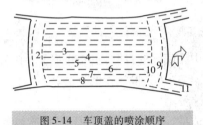

图5-14　车顶盖的喷涂顺序

# 四、评价与反馈

**1. 自我评价及反馈**

(1) 能否主动参与工作现场的清洁和调整工作?(　　　)

　　A. 主动完成　　　　　　B. 被动完成　　　　　　C. 未完成

(2) 完成本任务后,你对中涂底漆喷涂施工设备及工具的使用是否熟练和规范?(　　　)

　　A. 熟练规范　　　　　　B. 规范但不熟练　　　　C. 不会使用

(3) 你能否正确规范地完成中涂底漆喷涂的施工操作流程?(　　　)

　　A. 独立完成　　　　　　B. 小组合作完成　　　　C. 在老师的指导下完成

(4) 你在中涂底漆喷涂施工工艺流程过程中能否正确、规范地做好安全防护?(　　　)

　　A. 能　　　　　　　　　B. 不能　　　　　　　　C. 在老师的指导下能做好

(5) 你在中涂底漆喷涂施工工艺流程中遇到的困难是什么?怎样解决的?

_____

_____

_____

_____

_____

签名:_____　　　____年____月____日

**2. 小组评价及反馈**

(1) 是否完成本学习任务的学习目标?(　　　)

　　A. 完成且效果好　　　　B. 完成但效果不好　　　C. 未完成

(2)是否积极学习,不懂的是否积极向别人请教,是否积极帮助他人学习?(　　)
    A.积极学习　　　　　　　　　B.积极请教
    C.积极帮助他人　　　　　　　D.三者都不积极
(3)工具与油漆有没有落地,有无保持作业现场的整洁?(　　)
    A.无掉地且场地整洁　　　　B.有腻子颗粒掉地
    C.保持工件表面清洁　　　　D.未保持钣件表面及作业现场的清洁
(4)实施过程中是否注意操作质量和有责任心?(　　)
    A.注意质量,有责任心　　　　B.不注意质量,有责任心
    C.注意质量,无责任心　　　　D.全无
(5)在操作过程中是否注意消除安全隐患,在有安全隐患时是否提示其他同学?(　　)
    A.注意,提示　　　　　　　　B.不注意,未提示
    参与评价的同学签名:_____　_____年_____月_____日

**3.教师评价及答复**

_____
_____
_____
_____
_____
_____
_____
_____

    教师签名:_____　_____年_____月_____日

## 五、技能考核标准

| 序号 | 项目 | 操作内容 | 规定分 | 评分标准 | 得分 |
| --- | --- | --- | --- | --- | --- |
| 1 | 准备工作 | 工具设备的准备<br>防护用品的准备<br>场地的准备<br>耗材的准备<br>学习资料的准备<br>个人状态的准备 | 10分 | 准备不充分酌情扣1~4分<br>不会准备或未准备扣10分<br>个人状态不好扣5分 | |
| 2 | 清洁遮蔽 | 除尘除油方法<br>擦拭布的使用<br>遮蔽位置和方法 | 4分<br>2分<br>4分 | 不当扣1分,不会扣4分<br>不当扣1分,不会扣2分<br>不当扣1分,不会扣4分 | |

续上表

| 序号 | 项目 | 操作内容 | 规定分 | 评分标准 | 得分 |
|---|---|---|---|---|---|
| 3 | 中涂施涂 | 中涂底漆调和<br>喷枪的调整<br>中涂底漆喷涂<br>中涂底漆干燥 | 5分<br>5分<br>10分<br>5分 | 不当扣2分,不会扣5分<br>不当扣2分,不会扣5分<br>不当扣3分,不会扣10分<br>不当扣2分,错误扣5分 | |
| 4 | 中涂打磨 | 砂纸的选择<br>工具的使用<br>打磨的方法 | 3分<br>3分<br>4分 | 不当扣1分,不会扣3分<br>不当扣1分,不会扣3分<br>不详扣2分,错误扣4分 | |
| 5 | 质量评估 | 喷涂表面质量<br>打磨质量<br>驳口区质量 | 6分<br>6分<br>3分 | 出现一处扣1分<br>出现一处扣1分<br>不达标扣3分 | |
| 6 | 完成时限 | 60min | 10分 | 超时1min扣2分 | |
| 7 | 安全生产 | 个人防护<br>设备安全<br>人员安全<br>场地安全 | 4分<br>2分<br>2分<br>2分 | 防护不全扣4分<br>隐患扣1分,事故扣2分<br>隐患扣1分,事故扣2分<br>隐患扣1分,事故扣2分 | |
| 8 | 结束工作 | 5S工作 | 10分 | 错一项扣1分,扣完为止 | |
| | | 总分 | 100分 | | |

# 学习任务六　涂料及调色理论与实践

**任务要求**

完成本学习任务后,你应:
1. 了解涂料的组成成分、分类及特性;
2. 熟悉颜色的相关理论及调色理论;
3. 能简单地进行素色漆调色;
4. 能制定切实可行的操作方案。
建议学时:36 学时

## 任务描述

李老师的奥迪 100 轿车使用年限较长,风吹雨淋,漆面已经出现粉化现象。在奥迪特约维修站,维修接待人员建议李老师对该车漆面进行翻新美容。由于粉化严重,必须重新喷涂面漆才能达到翻新美容的目的。因此,在喷涂前需要调配所需颜色的面漆。

## 学习流程

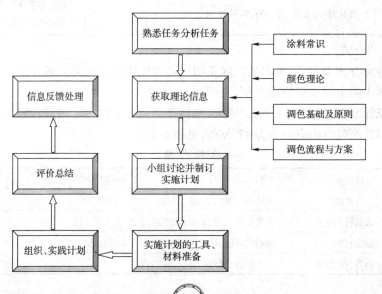

# 一、理论知识准备

## 1. 涂料的组成与分类

(1) 涂料及涂料组成。

涂料是指涂布于物体表面且固化成膜的一类液体或固体材料的总称。它主要由成膜物质、颜料、溶剂和助剂4种成分组成。在物体表面干燥之后,溶剂和助剂均需彻底挥发,留下成膜物质和颜料固化形成所需强度与韧性的漆膜。

涂料的组成及主要作用见表6-1。

涂料的组成及作用　　　　　　　　　　表6-1

| 序号 | 组成成分 | 具体内容 | | | 主要作用 |
|---|---|---|---|---|---|
| 1 | 成膜物质 | 油料 | 动物油 | 鱼肝油、带鱼油、牛油等 | 使涂料牢固附着于被涂物表面形成连续的固态涂膜。是涂料的主要组成成分和基础 |
| | | | 植物油 | 干性油 | 桐油、亚麻油等 | |
| | | | | 半干性油 | 豆油、菜籽油等 | |
| | | | | 不干性油 | 椰油、花生油等 | |
| | | 树脂 | 天然树脂 | 松香、沥青、虫胶等 | |
| | | | 人造树脂 | 橡胶、松香衍生物等 | |
| | | | 合成树脂 | 醇酸、酚醛、聚氨酯等 | |
| 2 | 颜料 | 体质颜料 | 碳酸钙、石英粉、氧化镁等 | | 赋予涂料色彩、耐候性、遮盖力、光泽度;改善涂料性能等 |
| | | 着色颜料 | 有机颜料 | 钛白、炭黑、铁红等 | |
| | | | 无机颜料 | 甲苯胺红、钛晶蓝等 | |
| | | 防锈颜料 | 红丹、氧化铁红、铅锌粉等 | | |
| 3 | 溶剂 | 水、松节油、醇类溶剂、烃类溶剂、酯类溶剂等 | | | 改善或改变涂料的某些性能,满足施工工艺 |
| 4 | 助剂 | 固化剂、增塑剂、流平剂、催干剂、哑光剂等 | | | 根据需要改变涂料的部分物理性能或化学性能 |

(2) 涂料的分类。

涂料的分类方式很多,常见的是以成膜物质和固化机理2种方式来分的。

① 按涂料中的主要成膜物质来分。

根据国家标准GB/T 2705—2003规定,涂料产品的分类以主要成膜物质为基础,成膜物质有17种,因此涂料也相应的分为17大类,见表6-2。

涂料分类　　　　　　　　　　表6-2

| 序号 | 代号 | 涂料类别 | 主要成膜物质 |
|---|---|---|---|
| 1 | Y | 油脂涂料 | 天然动植物油,清油(熟油),合成干性油 |
| 2 | T | 天然树脂涂料 | 松香及衍生物、虫胶、动物胶、大漆及其衍生物 |
| 3 | F | 酚醛树脂涂料 | 纯酚醛树脂,改性酚醛树脂,二甲苯树脂 |
| 4 | L | 沥青树脂涂料 | 天然沥青,煤焦沥青,石油沥青 |

续上表

| 序号 | 代号 | 涂料类别 | 主要成膜物质 |
|---|---|---|---|
| 5 | C | 醇酸树脂涂料 | 甘油醇酸树脂和各种改性醇酸树脂 |
| 6 | A | 氨基树脂涂料 | 脲醛树脂、三聚氰胺甲醛树脂、改性氨基树脂 |
| 7 | Q | 硝基树脂涂料 | 硝化纤维素和改性硝化纤维素 |
| 8 | M | 纤维素树脂涂料 | 醋酸纤维素、苄基纤维、乙基纤维、羟甲基纤维 |
| 9 | G | 过氯乙烯树脂涂料 | 过氯乙烯树脂及改性过氯乙烯树脂 |
| 10 | X | 乙烯树脂涂料 | 氯乙烯共聚树脂、含氟树脂、聚苯乙烯、石油树脂 |
| 11 | B | 丙烯酸树脂涂料 | 丙烯酸树脂、丙烯酸共聚树脂及其改性树脂 |
| 12 | Z | 聚酯树脂涂料 | 饱和聚酯、不饱和聚酯树脂 |
| 13 | H | 环氧树脂涂料 | 环氧树脂、脂肪族聚烯烃环氧树脂、改性环氧树脂 |
| 14 | S | 聚氨酯树脂涂料 | 加成物、预聚物、缩二脲及异氰脲酸酯多异氰酸酯 |
| 15 | V | 元素有机聚合物涂料 | 有机硅、有机钛、有机铝、有机磷等元素聚合物 |
| 16 | J | 橡胶涂料 | 天然橡胶及其衍生物、合成橡胶及其衍生物 |
| 17 | E | 其他涂料 | 以上16类包括的成膜物质,如无机高聚物等 |

②按涂料成膜的固化机理分。

涂料从液态到固态的变化过程、变化条件不尽相同。按其固化机理可把涂料大致分为溶剂挥发型、氧化固化型、高温固化型和双组分固化型4种,见表6-3。

涂料固化成膜类型及特点  表6-3

| 序号 | 分类 | 固化机理及特点 | 涂料代表 |
|---|---|---|---|
| 1 | 溶剂挥发型 | 此类涂料常温干燥,不发生氧化反应。涂层一般较薄,硬度不高,耐溶剂性、耐候性较差 | 硝基树脂涂料、过氯乙烯树脂涂料、热塑性丙烯酸树脂涂料 |
| 2 | 氧化固化型 | 此类涂料常温空气中固化,溶剂挥发的同时,树脂吸收氧气发生氧化聚合反应,从而固化成膜。涂膜质量一般,干燥较慢,耐候性较差 | 油脂涂料、天然树脂涂料、酚醛树脂涂料、醇酸树脂涂料等 |
| 3 | 高温固化型 | 此类涂料在高温(140℃)作用下树脂发生交联反应而固化成膜。涂膜硬度高,耐溶剂性、耐候性等非常好。主要用于制造涂装 | 氨基树脂涂料、热固性丙烯酸树脂涂料 |
| 4 | 双组分固化型 | 此类涂料由涂料及与之配套的固化剂混合组成,树脂与固化剂发生化学反应固化成膜,可常温或低温烘烤干燥。涂膜硬度较高,耐候性、耐溶剂性较好。多用于修补涂装 | 环氧树脂涂料、聚氨酯树脂涂料等 |

③按是否还有颜料分。

如果涂料中含有着色颜料则称为色漆;含有体质颜料无丰富颜色的称为腻子;没有颜料且透明的称为清漆。

④按溶剂类型分。

用有机溶剂作为稀释剂的称为溶剂型涂料;用水作为稀释剂的称为水性涂料;涂料中没

有挥发性稀释剂的称为无溶剂涂料;无溶剂而又成粉末状的称为粉末涂料。

**2. 涂料的特性**

(1)涂料的型号及辅料。

①涂料的型号。

涂料的型号通常由三部分组成。第一部分用大写字母表示涂料的类别,涂料类别是按成膜物质划分的,见表6-2;第二部分用两位阿拉伯数字表示涂料的基本名称,常见的涂料名称见表6-4;第三部分用1~2个阿拉伯数字表示涂料产品的序号,常见涂料序号见表6-5所示。为了区分第二部分和第三部分,通常在两者间用"-"隔开。如:H06-3,表示涂料类别H为环氧树脂,涂料基本名称06为底漆,涂料产品序号3代表自干。

涂料基本名称代号　　　　　　表6-4

| 代号 | 基本名称 | 代号 | 基本名称 | 代号 | 基本名称 |
|---|---|---|---|---|---|
| 00 | 清油 | 22 | 木器漆 | 53 | 防锈漆 |
| 01 | 清漆 | 23 | 罐头漆 | 54 | 耐油漆 |
| 02 | 厚漆 | 30 | (浸渍)绝缘漆 | 55 | 耐水漆 |
| 03 | 调和漆 | 31 | (覆盖)绝缘漆 | 60 | 耐火漆 |
| 04 | 磁漆 | 32 | (绝缘)磁漆 | 61 | 耐热漆 |
| 05 | 粉末涂料 | 33 | (黏合)绝缘漆 | 62 | 示温漆 |
| 06 | 底漆 | 34 | 漆包线漆 | 63 | 涂布漆 |
| 07 | 腻子 | 35 | 硅钢片漆 | 64 | 可剥漆 |
| 09 | 大漆 | 36 | 电容器漆 | 66 | 感光漆 |
| 11 | 电泳漆 | 37 | 电阻漆、电位器漆 | 67 | 隔热漆 |
| 12 | 乳胶漆 | 38 | 半导体漆 | 80 | 地板漆 |
| 13 | 其他水溶性漆 | 40 | 防污染漆 | 81 | 渔网漆 |
| 14 | 透明漆 | 41 | 水线漆 | 82 | 锅炉漆 |
| 15 | 斑纹漆 | 42 | 甲板防锈漆 | 83 | 烟囱漆 |
| 16 | 锤纹漆 | 43 | 船壳漆 | 84 | 黑板漆 |
| 17 | 皱纹漆 | 44 | 船底漆 | 85 | 调色漆 |
| 18 | 裂纹漆 | 50 | 耐酸漆 | 86 | 标志漆、马路划线漆 |
| 19 | 晶纹漆 | 51 | 耐碱漆 | 98 | 胶漆 |
| 20 | 铅笔漆 | 52 | 防腐漆 | 99 | 其他 |

涂料产品序号代号　　　　　　表6-5

| 涂料产品 | | 序号代号 | |
|---|---|---|---|
| | | 自干 | 烘干 |
| 清漆、底漆、腻子 | | 1~29 | 30 以上 |
| 磁漆 | 有光 | 1~49 | 50~59 |
| | 半光 | 60~69 | 70~79 |
| | 无光 | 80~89 | 90~99 |

续上表

| 涂料产品 | | 序号代号 | |
|---|---|---|---|
| 专业用漆 | 清漆 | 1~9 | 10~29 |
| | 有光磁漆 | 30~49 | 50~59 |
| | 半光磁漆 | 60~64 | 65~69 |
| | 无光磁漆 | 70~74 | 75~79 |
| | 底漆 | 80~89 | 90~99 |

②辅助材料。

也称辅料,是改变涂料的物理性能或化学性能,以改善或达到涂装质量要求的目的。常见的辅料类型及代号,见表6-6。

辅助材料的类型与代号　　　　　　表6-6

| 序号 | 辅料代号 | 辅料名称 | 序号 | 辅料代号 | 辅料名称 |
|---|---|---|---|---|---|
| 1 | F | 防潮剂 | 4 | T | 脱漆剂 |
| 2 | G | 催化剂 | 5 | X | 稀释剂 |
| 3 | H | 固化剂 | | | |

(2)涂料的特性。

①油脂类涂料:油脂类涂料是以各种干性油脂作为主要成膜物质,再加入催干剂和其他辅助材料混合而成的一种涂料,其特点是:具有较好的渗透能力,附着力强;与空气中的氧作用自行干燥成膜;干燥后涂层柔韧性好,气味和毒性小;耐候性强、防锈能力好(如红丹防锈底漆)等,可调配成为腻子。

②天然树脂类涂料:天然树脂类涂料是以天然树脂(如虫胶、松香、天然沥青、琥珀、珂巴树脂、安息香脂等),加上各种干性植物油混合炼制后,再加入催干剂、有机熔剂、颜料等组成的一类涂料。这类涂料成膜性好、外观光亮丰满、色泽鲜艳、装饰与保护性能好,但耐久性差,在空气中使用时间不长就会失去光泽,并发生龟裂、粉化等,而且抗水性、耐热性差。

③酚醛树脂类涂料:酚醛树脂类涂料是以酚醛树脂和改性酚醛树脂为主要成膜物质,加入桐油和其他干性油混合炼制后,再加入颜料、催干剂、有机溶剂和其他辅助材料混合调制而成的一类涂料。这类涂料涂层坚硬、光亮、易干燥,有良好的电绝缘性能和防腐性能。其不足之处是涂层易泛黄,且耐水性和机械性能差。

④醇酸树脂类涂料:醇酸树脂类涂料是由多元醇、多元酸及脂肪酸经缩合而成的醇酸树脂和改性醇酸树脂为主要成膜物质的涂料。这类涂料中有短、中、长油度的干性、半干性、不干性3种醇酸树脂为主基料配制的多个品种,是合成树脂类涂料中最重要的一种类型。这类涂料具有优良的附着力、耐候性好、不易老化、涂层光泽好、保光保色性好、涂层坚硬耐磨、机械性能好、耐油性能好等多种优点。

⑤氨基树脂类涂料:氨基树脂类涂料是以氨基树脂与醇酸树脂混合制成的。这类涂料经烘烤成膜,所形成的涂层附着力强、色泽鲜艳、机械强度高、光泽好,有优良的保光保色性,具有耐油、耐水、耐碱、耐溶剂、耐热、抗老化等优点。其缺点是涂层必须烘烤才能成膜,且烘

烤温度不能过高,否则涂层会变色、变脆,使涂层性能下降。

⑥过氯乙烯树脂类涂料:这类涂料的主要成膜物质是过氯乙烯树脂或改性过氯乙烯树脂,有时还加入改性醇酸树脂以提高性能。这类涂料干燥迅速(可自干)、涂层柔韧光亮,具有好的耐候性和好的耐油、耐水、耐腐蚀性。但其附着力稍差,涂层较软且耐热性差,对涂装条件要求高。

⑦乙烯树脂涂料:乙烯树脂类涂料是以含双键的乙烯及其衍生物本体聚合或共聚形成的乙烯树脂为主要成膜物质,再加入其他辅助材料调制而成。若再加入其他类树脂,可调制成各种不同性能的专用涂料。乙烯树脂类涂料的共同特点是:涂层柔韧性好、色泽艳丽、保色保光性好、耐久不变色、不泛黄、附着力强、耐磨。其缺点是涂层耐溶剂性能差,涂层薄。该类涂料可自干或烘干。

⑧聚酯树脂类涂料:这类涂料的主要成膜物质有饱和聚酯树脂及不饱和聚酯树脂2类。其中以不饱和聚酯树脂制成的涂料品种较多,这类涂料形成的涂层能自干也可烘干。涂料含溶剂少,涂层较厚,光亮丰满,保色保光性能好,涂层坚硬耐磨,以及能耐弱酸、弱碱等。其缺点是涂层附着力差,涂层较脆,涂料稳定性差,难以保管。

⑨环氧树脂类涂料:环氧树脂类涂料是以环氧树脂和改性环氧树脂为主要成膜物质的一类涂料,这类涂料干燥成膜后其涂层坚硬耐磨、柔韧性好、耐水、耐热、耐腐蚀,有好的附着力,电绝缘性好。其缺点是不耐紫外线,室外使用时涂层易失光、龟裂和粉化。

⑩聚氨酯树脂类涂料:聚氨酯树脂类涂料是以聚氨基甲酸酯树脂为主要成膜物质。有优良的附着力,涂层光滑平整、坚硬而柔韧,且色泽鲜艳装饰性好,能耐油、耐酸、耐碱腐蚀,保色保光性好。其缺点是涂料必须现用现配,在潮湿的情况下进行涂装,涂层易起泡,涂料毒性大。

(3)涂料的干燥方法。

涂料从液态涂膜到固体涂膜的物理和化学变化过程,称为涂料的干燥。正确合理的干燥方式是取得优质涂膜的重要环节。常见的干燥方式有自然干燥、加速干燥和高温烘烤干燥3种。

①自然干燥。

也称空气干燥,是指涂膜在室温条件下固化成膜的干燥方式。可自然干燥的涂料包括溶剂挥发型涂料、氧化固化型涂料和双组分固化型涂料等。

这种干燥方式对设备和场地的要求都比较低,因此应用比较广泛。但其缺点是干燥速度慢,干燥周期长。通常一般涂料采用自然干燥,需要1周以上才可以完全干燥。

②加速干燥。

是指为了缩短涂装施工周期,加快生产速度和提高效率,在自然干燥型涂料中加入适量的催干剂和采用低温烘烤(不超过80℃)的方式来加速涂膜固化的方法。

这种方法速度快,效率高,在修补涂装作业中应用广泛。但由于涂料有热塑性和热固性2种,如果热塑性涂料采用低温烘烤加速干燥,会改变其性能和形状,因此只能采用添加催干剂的方式进行加速干燥。

③高温烘烤干燥。

是指在较高温度下(120℃以上),涂料中的树脂才能发生化学反应而交联固化成膜的干燥方式。通过高温干燥的涂膜,其硬度、附着力、耐久性、耐腐蚀、抗氧化和保光、保色等能力都非常强,因此常用于耐高温的汽车原厂漆涂装作业中。

**3. 颜色的理论知识**

(1)光与色。

我们在了解油漆调色方法之前,首先要学习一些颜色方面的常识:太阳光通过三棱镜,可分解为红、橙、黄、绿、青、兰、紫七色光,而混合这七色光,或混合两种互补色光,又可以得到白光。物体的颜色只有在光线的照射下才能显现出来。用不同的色光,照射相同的物体,我们看到物体颜色也是不同的,因为照射光本来的颜色不同,被物体吸收和反射的色光当然也就不一样,可见,颜色只是眼睛对物体的反射光或透射光的感觉,并不是物体本身的属性。

 **说明**

不同的施工环境、不同的光源等均会导致同一批次同一型号的涂料施涂在同一物体表面上颜色却存在差异,这是由光与颜色的特性所决定的。因此,所有的汽车涂料都存在色差。

①颜色的配合。

通过上面的知识我们了解到,光线带给我们的颜色只有7种,但现代汽车车身颜色的种类已经超过20000种。那么,这些颜色是如何得到的呢?这就是颜色的配合。

a. 原色:不需要混合其他颜料的颜色。即红、黄、蓝,如图6-1所示。

b. 间色:也称次原色,指由两原色1∶1等量混合调配出的颜色。即:红+黄=橙;红+蓝=紫;黄+蓝=绿,如图6-2所示。

图6-1 三原色

图6-2 三间色(次原色)

c. 复色:三原色1∶1∶1混合或两间色1∶1混合得到的颜色。

d. 补色:两原色或两间色混合调配,则另一原色或间色称为所调颜色的补色。如橙色由红+黄得到,则它的补色为蓝色。

e. 消色:白色和黑色与任意颜色搭配时都会改变颜色的彩度或明度,因此,把这两个色称为消色。

②颜色搭配对涂料调色的影响。

各种颜色的配合不能随意使用在汽车涂料的调色过程中,尤其是在使用补色和消色时。它们对调色的影响主要有:

a. 补色的影响。混合不同的互补色,将得到从浅灰、深灰直至黑色的各种不同颜色。

b. 消色的影响。白色在调色中可冲淡原色或间色的色彩,增强色彩的饱和度(即颜色的纯度),而黑色会使颜色加深、变暗、降低色彩的亮度。

(2)颜色的影响因素及属性。

①颜色的影响因素。

影响颜色辨别的因素很多,主要有物体、光线和观察者。

a. 物体。物体对光线的反射或吸收程度决定了我们观察物体颜色的强弱。如果物体对各种波长的光线都具有很强的吸收能力,那我们观察到的颜色就很少;反之,如果物体对各种波长的光线都反射回来,那我们通常见到是非常耀眼的白光,也不利于观察颜色。因此,物体必须同时具有吸收和反射不同波长光线的能力,才能很好地展现颜色。

b. 光线。光线的强弱决定了颜色的明亮程度,不同波长的光线照射在物体上,反衬出的颜色也不尽相同。同一颜色在不同光线照射下表现出来的颜色差异称为同色异谱,同色异谱现象对调色具有很强的干扰性,因此在调色过程中要尽量避免同色异谱的影响。

c. 观察者。颜色的描述最终是靠看到它的观察者来进行的。观察者状态的好坏、对颜色的理解、视力的强弱、观察距离的远近等都是影响颜色的重要因素。

②颜色的属性。

颜色的属性主要有色相、明度和彩度3个。正确掌握这3个属性及其相互关系,是调配合格颜色的基础与关键。

a. 色相,也称色调或色度。是颜色的第一个属性,用来描述颜色的主要成分或基本属相,如红色、蓝色、银白色等等。

b. 明度。是指颜色的明亮程度,常用暗淡、鲜艳、靓丽等词语形容。

注意

颜色的明度是反射光线所呈现的,因此,光源亮度的大小与颜色明亮度有很大关系。当光源变化很大时,明度几乎和光源亮度是相等的,但当光源强度只有微小变化时,此时的明度是没有变化的。所以,明度不等同于光源亮度,不要将这两个概念混淆。

c. 彩度。是指颜色呈现出来的饱和程度,常用饱满、深浅等词语形容。彩度随着色相和明度的变化而变化,因此调色时要注意三者的相互变化对颜色的影响。

**4. 调色基础知识**

(1)调色的原则。

①参与调色的色漆基漆应相同或能混溶,否则,掺和后引起色料上浮、沉淀或树脂分离、变色、反粗、表面效果差等现象出现。

②选定基本色漆后,应先试配小样,与样品色或标准色卡比照。比照时要注意湿样与干样,干燥后的湿样色调有时会变化。

③配色时,副色漆应逐渐加入主色漆中,边加边搅拌,为预防副色加过头,可以预留一些主色漆备用。

④使用色漆时,要根据涂料品种和施工方法用稀释剂调整黏度。快干漆黏度要小,慢干漆黏度可大些;浸涂施工黏度要小,喷涂稍大,刷涂可更大。稀释时一定要搅拌均匀。

⑤试调小样须记录配比值,供调配大样时参考。

(2)调色设备。

调色设备主要有油漆搅拌机、电子秤、调色电脑、颜色分析仪、对色灯箱、烤箱、比色卡、比例尺、搅拌器、调漆杯等。

①油漆搅拌机,通常采用电机带动,自动搅拌。目的是将涂料的颜料、树脂与溶剂等充分搅拌混合,以便于调色均匀,如图6-3所示。

②搅拌器也称搅拌桨盖,用于自动或手动搅拌罐装涂料,如图6-4所示。

图6-3 油漆搅拌机

图6-4 搅拌器

③电子称,用于精确计量所加色母的质量,减少微调次数和颜色差异。常用的电子秤有精确度为0.1g和精确度为0.01g两种,如图6-5所示。

④对色灯箱,通过模拟各种光线,对所调颜色进行比对,减小调色的误差,如图6-6所示。

图6-5 电子秤

图6-6 对色灯箱

⑤烤箱(或红外线烤灯),加速干燥施涂在比色卡上的涂料,以便观察所调颜色涂料在干涂膜时与标准色的差异。

⑥比例尺、比色卡、调漆杯等用于盛装色母、搅拌混合色母、试杆比对颜色等。

⑦颜色分析仪,是通过接触标准色,快速检测出该颜色调色配方的诊断仪器。其准确度不高,局限性较大,成本较高,故多使用在进口品牌涂料的快速调色中。

(3)涂层代码。

汽车车身涂料的涂层代码是该车原厂漆颜色的黑匣子,通过涂层代码,可以准确迅速地获得车身涂料的调色信息,减少调色的工作量,提高效率,通常在汽车铭牌上可以查到。不同品牌的汽车,其涂层代码位置不同。通常在图6-7所示的位置上。

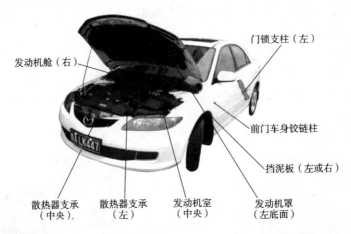

图6-7 汽车涂层代码铭牌的位置

**5. 调色基本流程**

调色的基本流程如图6-8所示:

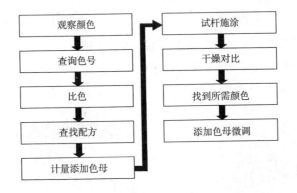

图6-8 调色的基本流程

## 二、实 践 操 作

**1. 实践准备**

(1)工具准备。

① 防护装备:

②使用工具：油漆搅拌机、电子秤、调色电脑、对色灯箱、烤箱、比色卡、比例尺、搅拌器、调漆杯、喷枪等。

（2）材料准备：全套色母、稀释剂、固化剂、香蕉水、工作页。

（3）场地准备：调漆室。

**2. 注意事项**

（1）配色时所采用色漆的基料必须相同，以保证混溶性，例如醇酸涂料不能与硝基涂料混合，否则会导致树脂析出、浮色、沉淀甚至报废。

（2）配色时应在容器中先加入在配色中用量大、着色力小的色漆或近似所需色的色漆，然后再加入其他颜色的漆，边加边搅拌均匀，在颜料调配快接近时，应缓慢加入，以防止过量。

（3）调色应在晴天或可重现自然光的配色灯下进行，否则将造成过大的比色误差，涂料颜色还应进行干样对照，因为各种涂料的颜色在湿时要比干时浅一些。

（4）要注意颜料本身的上浮下沉现象、粒度与干燥速度等因素，一般色漆较稠时，浮色较慢，故在样板对比时，应按施工黏度和干燥条件进行。另外，如果配色用的色漆储存时间过长，颜色沉底，使用时必须进行搅拌。

（5）调配色漆若需加催干剂，则应在配色前加入并搅拌均匀，以免影响色调。

（6）使用同一类品种涂料，也应注意各生产厂和生产日期及批次的区别，这些不同也有可能造成颜色差异，要根据实际情况具体分析、比较和调整。

**3. 作业准备**

（1）进入工位前，将工位清理干净，准备好相关器材。

（2）操作人员应整齐、规范地穿戴个人安全防护用品。

（3）检查所使用设备能否正常工作。

（4）根据工作流程作业单再次确认所需要材料是否齐全，摆放是否到位。

**4. 素色漆调色**

（1）在不同光线下用不同的角度对车身颜色进行仔细观察，如图6-9所示。

（2）通过车身铭牌查找、电脑程序查询、颜色分析仪判断等方式找到车身颜色的配方，并用色卡进行颜色比对。

（3）根据配方从全套的色母系列中选出所调颜色需要的色母，进行加注调配，如图6-10所示。

（4）为了便于比对和找出导致颜色差异的色母，可以准备与色母数量一样多的调漆杯，在每个杯子里都加入等量的基础色母，如图6-11所示。

（5）分别向每个杯子里微量加入一种不同的色母，记住对应的色母与杯子，如图6-12所示。

（6）完全混合每杯涂料，采用试杆法在比色卡上施涂各杯的涂料，如图6-13所示。

图6-9 仔细观察车身颜色

（7）将各比色卡与标准色板进行比较，找出和标准板颜色最接近的比色卡，并选择其颜色配方进行微调,如图 6-14 所示。

(8)根据选择的对色卡颜色配方,分别加入各种色母,调出所需颜色的涂料,用于面漆的喷涂,如图 6-15 所示。整个过程须准确记录所加色母的量,形成配方表,如图 6-16 所示。

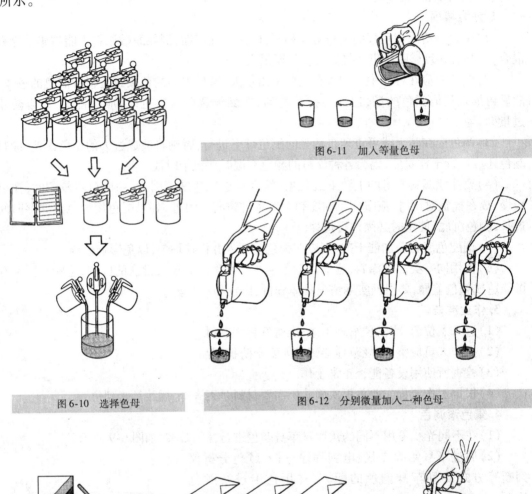

图 6-10　选择色母　　　图 6-11　加入等量色母　　　图 6-12　分别微量加入一种色母

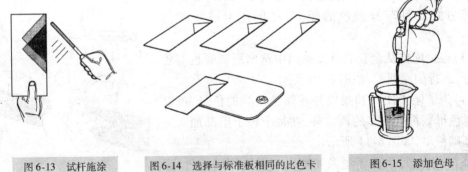

图 6-13　试杆施涂　　　图 6-14　选择与标准板相同的比色卡　　　图 6-15　添加色母

(9)再次确认所调颜色是否与标准板颜色一致,喷涂测试板,采用烤箱或红外线烤灯烘干,检查对比干涂膜颜色与标准颜色的差异。如果没有差异,可以进行调和喷涂,如图 6-17 所示。

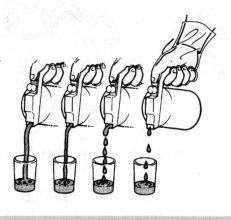

图6-16　记录添加量

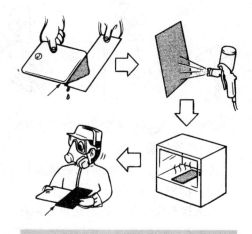

图6-17　最终确认

## 三、学 习 拓 展

### 金属漆的调色

**1. 金属漆的定义**

金属漆是指加入云母、珍珠等闪光颜料,使漆面具有一定特殊效果的涂料。其闪光颜料的多少、颗粒形状、排列方式等对颜色效果均产生较大的影响,所以在调色及喷涂时,均有严格的要求。

**2. 金属漆的涂层**

金属漆涂膜在阳光照射下,不同的角度,呈现不同的颜色效果,主要是因为涂层中面漆层的特殊处理。常见的金属漆涂层比素色漆涂层要厚,喷涂作业也常采用双工序甚至三工序作业。其涂层分布如图6-18所示。

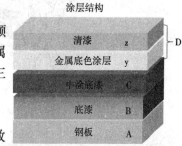

图6-18　金属漆的涂层
A-钢板;B-底漆;C-中涂底漆;D-面漆(双工序);y-金属底色涂层;z-清漆涂层

**3. 金属漆的调色要点**

(1)配方只有在喷涂方式调整和清漆调整都无法见效的情况下才可改变。

(2)对色时应从各方向观察对比,如图6-19所示。

(3)双工序漆喷样板时,金属漆喷整板,清漆喷1/2。

(4)注意微调原理:减少铝粉,可使颜色变暗;使用不透明的色母,能使颜色变浅;要降低某种色调,应减少该颜色色母,尽量不要用其他颜色来综合。

**4. 金属色的调色步骤**

(1)颜色层及珍珠层的计量调色。

根据涂料厂家的颜色配方表,精确地实施计量调色,如图6-20所示。

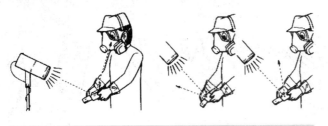

图6-19 不同角度观察金属色　　　　图6-20 计量调色

(2)喷涂试板。

按喷涂实车相同的条件下,在试板上实施颜色层、珍珠层及清漆层的喷涂,如图6-21所示。

(3)比色(珍珠感)。

将试板与实车作比较。比色必须在直射日光或人工太阳灯下实施,以多种角度比对。

 注意

比色时,只考虑珍珠颜料的反射光。此时,不必考虑颜色层的色相、彩度和明度。

(4)珍珠层的微调。

由于珍珠云母颜料的排列,出现不同的"珍珠感"时,可以使用添加剂来调整珍珠云母颜料的排列,如图6-22所示。

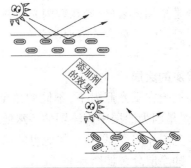

图6-21 喷涂试板　　　　图6-22 珍珠漆微调

 小知识

1.将珍珠云母颜料竖直时,会造成正视时明度降低,而侧视时明度增加。这是因为正视的反射光较少,而侧视的反射光较多的缘故。

2.使用体质颜料形式的添加剂以增加侧视的明度,防止云母颜料在涂膜中平卧。正视时,珍珠云母颜料的反射光减少;侧视时,珍珠云母颜料的反射光增加。

3.珍珠层厚度和颜色的改变。喷涂次数增加时,正视的明度会增加,侧视的明度会减少。正视时,其结果会隐藏颜色层的颜色,并且由于珍珠颜料而增加反射光;侧视时,其结果会增加珍珠云母颜料本质的黄—黑颜色。

## 四、评价与反馈

**1. 自我评价及反馈**

(1)能否主动参与工作现场的清洁和调整工作?(　　)
　　A. 主动完成　　　　B. 被动完成　　　　C. 未完成
(2)完成本学习任务后,你对素色漆调色的作业内容是否掌握?(　　)
　　A. 基本不懂　　　　B. 部分掌握,部分了解　　C. 主要内容都已掌握
(3)你能否正确规范地完成素色漆调色的施工操作?(　　)
　　A. 能独立完成　　　B. 小组合作完成　　　C. 在老师的指导下完成
(4)你在整个调色作业过程中能否正确、规范的做好安全防护?(　　)
　　A. 能　　　　　　　B. 不能　　　　　　　C. 在老师的指导下能做好
(5)你在作业过程中遇到的困难是什么?怎样解决的?
_____
_____

(6)关于本学习任务,你有什么好的建议和意见?
_____
_____

签名:_____　　_____年_____月_____日

**2. 小组评价及反馈**

(1)是否完成本学习任务的学习目标?(　　)
　　A. 完成且效果好　　B. 完成但效果不好　　C. 未完成
(2)是否积极学习,不懂的是否积极向别人请教,是否积极帮助他人学习?(　　)
　　A. 积极学习　　　　　　　　　B. 积极请教
　　C. 积极帮助他人　　　　　　　D. 三者都不积极
(3)工具、设备、耗材等有没有落地,有无保持作业现场的整洁?(　　)
　　A. 无掉地且场地整洁　　　　　B. 有腻子颗粒掉地
　　C. 保持工件表面清洁　　　　　D. 未保持钣件表面及作业现场的清洁
(4)实施过程中是否注意操作质量和有责任心?(　　)
　　A. 注意质量,有责任心　　　　B. 不注意质量,有责任心
　　C. 注意质量,无责任心　　　　D. 全无
(5)在操作过程中是否注意消除安全隐患,在有安全隐患时是否提示其他同学?(　　)
　　A. 注意,提示　　　　　　　　B. 不注意,未提示
　　参与评价的同学签名:_____　　_____年_____月_____日

**3. 教师评价及答复**

_____

_____

教师签名：_____  _____年_____月_____日

# 五、技能考核标准

| 序号 | 项目 | 操作内容 | 规定分 | 评分标准 | 得分 |
|---|---|---|---|---|---|
| 1 | 准备工作 | 工具设备的准备<br>防护用品的准备<br>场地的准备<br>耗材的准备<br>学习资料的准备<br>个人状态的准备 | 10分 | 准备不充分酌情扣1~4分<br>不会准备或未准备扣10分<br>个人状态不好扣5分 | |
| 2 | 色母搅拌 | 搅拌机的使用<br>搅拌时间<br>搅拌次数 | 4分<br>3分<br>3分 | 不当扣1分，不会扣4分<br>时间不足扣2分<br>只搅拌1次扣2分 | |
| 3 | 配方确定 | 确定方法<br>确定步骤 | 5分<br>5分 | 不当扣2分，不会扣5分<br>不详扣2分，错误扣5分 | |
| 4 | 色母选择 | 色母选择<br>辅料选择 | 3分<br>2分 | 不当扣1分，不会扣3分<br>不当扣1分，不会扣2分 | |
| 5 | 计量调色 | 电子秤的使用<br>色母的计量<br>调色方法 | 5分<br>7分<br>8分 | 不会使用扣3~5分<br>严重不符扣3~7分<br>不当扣2分，混乱扣8分 | |
| 6 | 微调质量 | 微调的方法<br>调色的质量<br>涂料混合与烘干 | 5分<br>8分<br>7分 | 不当扣2分，不会扣5分<br>色差扣2分，不符合扣8分<br>不当扣2分，错误扣7分 | |
| 7 | 完成时限 | 30min | 5分 | 超1min扣1分，扣完为止 | |
| 8 | 安全生产 | 个人防护<br>设备安全<br>人员安全<br>场地安全 | 4分<br>2分<br>2分<br>2分 | 防护不全扣4分<br>隐患1分，事故扣2分<br>隐患1分，事故扣2分<br>隐患1分，事故扣2分 | |
| 9 | 结束工作 | 5S工作 | 10分 | 错一项扣1分，扣完为止 | |
| | | 总分 | 100分 | | |

# 学习任务七　面漆层的施工

**任务要求**

完成本学习任务后,你应:
1. 了解面漆施工的工艺要求;
2. 熟悉面漆施工的内容;
3. 掌握素色漆的施工方法及技巧;
4. 掌握单工序及双工序的素色漆及清漆层施工工艺及方法;
5. 熟悉多工序的金属面漆及清漆层施工工艺及方法;
6. 能合理制定出各种工序、各种面漆的施工方案。

建议学时:30 学时

## 任务描述

李老师的奇瑞 A2 轿车在小区地下停车库停车时,因角度的问题,不小心擦刮在水泥柱上,导致右前门出现面漆擦损。经检查判定,需要进行面漆修补涂装作业,才能避免受损部位钣件出现腐蚀生锈,同时也恢复整车的漆面美观。

## 学习流程

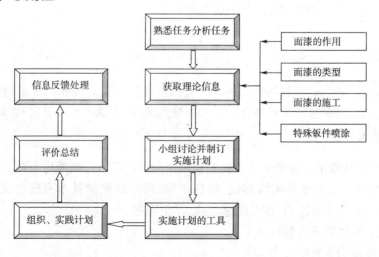

# 一、理论知识准备

**1. 面漆的作用**

汽车面漆指涂于汽车车身表面能直接感观到的最外层的漆膜,起着装饰、标志和保护底材的作用。

**2. 面漆的分类**

面漆的分类方法很多,按颜色效果可分为纯色漆、金属漆和珍珠漆。按施工工序可分为单工序、双工序和三工序等。

(1)单工序面漆。

指喷涂同一类涂料即形成完整的面漆层的喷涂系统。

(2)双工序面漆。

指喷涂两种不同的涂料才能形成完整的面涂层的喷涂系统,通常是先喷涂色漆,然后再喷涂罩光清漆,两种涂层结合在一起才能形成有质量保证的完整的面漆层。

(3)三工序面漆。

三工序面漆喷涂更为复杂,如三工序珍珠漆通常是先喷一层打底色漆,然后喷一层珍珠漆,最后喷罩光清漆,三个涂层结合才能形成完整的面漆层。一般单工序面漆的颜色比较单调,而三工序面漆的效果比较丰富,但工序越多,施工及修补越复杂。

**3. 面漆的施工**

(1)清洁喷涂室。用吹尘枪吹除喷涂室内的灰尘,将汽车开入室内。

(2)车身清洁、涂装工作服清洁、除尘。使用吹尘枪吹除中涂底漆打磨工作区域及相关区域灰尘,吹除涂装工作服灰尘。

(3)遮护。按任务五中涂底漆遮护工作要求进行。

(4)喷涂前除油。使用专用除油剂进行脱脂除油。

(5)喷涂前除尘。脱脂结束后,再次用吹尘枪清洁,并使用专用黏尘布除尘。

(6)混合涂漆。将调好色的色漆添加配套固化剂和稀释剂。色漆、固化剂和稀释剂的添加比例(按照重量比或体积比)依据制造说明确定。

 小知识

必须按照涂料制造商的提示及规定的固化剂、稀释剂,并按照比例准确称量固化剂、稀释剂,然后再将它与涂料混合。如果不这样做,则可能产生各种问题,例如剥落、龟裂、染色或水斑。

(7)喷漆房参数调节。根据面漆特性及使用说明要求调节好喷漆房参数。

(8)喷涂作业。根据钣件喷涂路线,按照正确、规范的喷涂技术实施色漆作业。双工序、三工序喷涂,在色漆喷涂后,需要喷涂清漆,保护底色。

①中湿喷。喷幅的重叠幅度为1/2。

②湿喷。喷幅的重叠幅度为2/3。

（9）面漆干燥。面漆喷涂结束后，间隔10～20min（使涂膜中的溶剂挥发，以免产生涂膜缺陷），再用烤房或用红外线进行干燥。

（10）拆遮护。强制干燥结束后，要趁车身还未冷却拆下遮护及粘贴遮护的胶带纸。若为自然干燥，应在喷漆结束后10～15min拆下遮护及粘贴遮护的胶带纸。

（11）抛光、打蜡。

（12）清扫作业。

**4. 单工序面漆的施工**

在汽车面漆喷涂作业中，常用的单工序面漆主要为双组分纯色漆。双组分纯色漆的喷涂是目前在汽车修补行业使用最为普及的一类。

（1）喷涂操作。

单工序面漆的施工操作与底漆和中涂底漆的操作基本相同。双组分涂料一般喷两层即可达到要求的厚度。若颜色遮盖力较差，则需喷3～4层，直到全部覆盖。

喷涂时，第一层喷涂后，若无任何不良情况，应静置片刻再喷第二层，静置时间视环境温度、涂料品种而略有长短，一般待涂面不黏尘时是喷涂第二层涂料的最佳时机，具体掌握尺度可用手指轻轻抚摸用胶带封闭部分的漆膜，若湿漆膜已不沾手即可以喷涂第二层。一般第二层喷涂后喷涂层涂料略微降低，喷枪移动速度也略慢，喷涂压力可适应提高0.02～0.03MPa，使漆粒雾化得更细，以得到满意的光滑涂面。

（2）施工中的注意事项。

①双组分涂料用多少配多少，现配现用，已配置好的涂料要在供应商提供的使用时间内用完。

②拉开前门喷漆后门时，前门内侧要求用专用的遮护纸加胶带封闭好，以防喷漆时产生的漆尘飞进车内，造成污染。

③在喷漆车顶和前盖由边缘向中心移动时，注意工作服不要触及边缘油漆部位，以免造成不必要的返工。

④遮盖纸在喷漆后立即小心去除，注意手和工作服不要触及未干的漆面，若是强制干燥，应在漆面还是微湿的时候及时去除；若漆膜完全干燥则胶带较难去除，一是容易黏结斑点，二是漆膜可能会被胶带揭起。

⑤双组分涂料中的氰酸酯漆尘对人体有害，喷漆时要在通风良好的环境下进行，并做好个人安全防护，如穿工作服、戴防护面具等。

⑥喷漆完毕后应立即清洗喷漆工具，以免胶结。

⑦双组分涂料喷涂后可自干，也可以低温烘烤强制干燥，一般在20℃时经16h（隔夜）后可投入使用，60℃（金属温度）时经30min烘烤，冷却后可投入使用，但彻底固化则需一周时间，具体产品完全参照供应商要求。

**5. 双工序面漆的施工**

双工序金属漆喷涂时的施工、操作要求与单工序纯色漆基本一致，除此之外，还应注意以下几点要求：

（1）喷涂前对金属漆要搅拌均匀，按涂料规定比例加入固化剂、稀释剂，用搅拌杆彻底再搅拌涂料、固化剂、稀释剂混合物，一般把涂料黏度调整到产品参照供应商要求，用涂料滤网过滤装入喷枪喷涂。使用慢干型固化剂和稀释剂要谨慎。

（2）金属漆一般喷涂 2~3 层，以全部均匀遮盖为准，每层间隔 10~15min，以一定喷涂压力（压力参照供应商要求），中等湿度均匀喷涂。金属粒子易沉于喷枪罐底，每层加料都要注意搅拌均匀，在喷涂中也要经常晃动喷枪，以防银粉粒子沉淀。

（3）最后一层喷涂可适当降低涂料黏度，略提高喷枪气压，薄而均匀地喷涂以使银粉粒子分布均匀和提高涂面光泽度。

（4）喷涂完毕后不能立即去除遮护纸、胶带，应等烘烤干后（一般 60℃时经 30min 烘烤，具体烤干条件参见油漆供应商的产品说明）且尚未完全冷却之前去除。

**6. 三工序珍珠漆喷涂**

三工序珍珠漆需要喷涂 3 种不同类型，纯底色漆、纯珍珠漆、清漆，称为三工序珍珠喷涂，各工序油漆调配比例参照油漆供应商资料。喷涂操作除参照面漆施工流程及要求外，还有以下施工注意事项：

（1）喷涂三层纯底色漆覆盖底漆，每层喷涂间隔时间需根据涂料黏度、环境而定，需使用粘尘布清洁每层的漆尘。使用粘尘布时，每层纯底色漆需要干燥及避免干喷。

（2）确保底色漆干燥后约 30min，然后喷涂 3~4 层纯珍珠漆，视车底颜色决定，喷涂三层纯底色漆覆盖底漆，喷枪距离、气压及每层喷涂间隔时间参照产品说明，需使用黏尘布清洁每层的漆尘。使用黏尘布时，每层纯底色漆需要干燥及避免干喷。

（3）因经过多层纯色漆及纯珍珠漆喷涂后，漆膜厚度增加，从而溶剂挥发减慢，因此喷涂清漆的静置时间延长，确保珍珠漆干燥后 30~60min。而且视天气温度决定，天气冷干燥时间更长。

**7. 清漆喷涂**

喷涂清漆的作用在于保护底色漆、银粉漆、珍珠漆、抗紫外线及提高光泽度，使车体呈现饱满、艳丽的色泽。

**8. 面漆施涂工艺流程**

面漆施涂的工艺流程如图 7-1 所示。

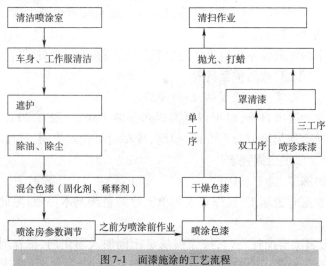

图 7-1　面漆施涂的工艺流程

## 二、实践操作

**1. 实践准备**

(1) 工具准备。

①防护装备：

②使用工具：吹尘枪、面漆喷枪、压缩空气、滤网漏斗、喷涂架、喷漆房、烤漆房等。

(2) 材料准备：黏尘布、除油布、除油剂、遮蔽纸、胶带纸、配套面漆、香蕉水、工作页。

(3) 场地准备：实训室、喷/烤漆房。

**2. 注意事项**

(1) 规范穿着、佩戴、防护用品，规范使用工具及其设备，注意操作安全。

(2) 在喷涂漆前，必须搅拌使色漆颜料充分混合均匀。

(3) 按照色漆说明书比例添加固化剂与稀释剂，使混合比例正确，黏度较好。

(4) 喷枪的选择及各项参数调整应参阅所用中涂底漆的使用说明。

(5) 身体位置移动。

如果在使用喷枪时只移动手和手臂，则要喷涂的面积越大，涂层就越难喷涂均匀，要在大面积上喷涂均匀的涂层，需移动整个身体，如图7-2所示。

图7-2 身体移动位置

①站立位置与钣件的关系

用手握住喷枪，站在工件前面，使喷枪对准工件表面的中央并使之保持垂直，双脚分开距离要稍大于肩宽，如图7-3所示。

②移动身体。

在涂装时，不要只是移动手腕，要移动整个身体。当喷涂工件从上往下时，身体也要随着喷涂下移慢慢降低身体位置，如图7-4所示。

③如何移动喷枪。

操作喷枪的最重要的因素是确保喷枪距离、喷枪角度、喷涂移动速度以及喷雾幅重叠的平稳和恒定。

**3. 作业准备**

(1) 进入工位前，将工位清理干净，准备好相关器材。

(2)操作人员应整齐、规范地穿戴个人安全防护用品。

(3)检查所使用设备能否正常工作。

(4)根据工作流程作业单再次确认所需要材料是否齐全,摆放是否到位。

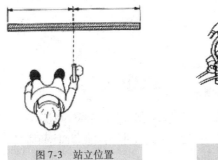

图7-3　站立位置　　　　　图7-4　移动身体

### 4. 素色面漆的施涂

(1)喷涂前工序准备。

①粉尘的清除。打磨工作结束以后,使用吹尘枪,用压缩空气彻底清除打磨粉尘。清除工作应按顺序进行,不能有遗漏。

②遮蔽。按照施涂中涂底漆的遮蔽工艺,对不施涂区域进行反向遮蔽。

③脱脂处理。清扫和遮蔽结束后,用除油布沾上脱脂剂,擦拭被涂装表面,除去油分、污物和石蜡等,如图7-5所示。

④黏尘。用黏尘布最后彻底清除被涂表面的粉尘和化学颗粒,如图7-6所示。

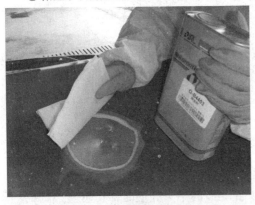 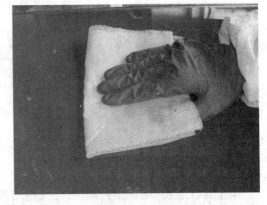

图7-5　脱脂处理　　　　　图7-6　黏尘

> **注意**
>
> 黏尘布含有树脂和溶剂,作业时,树脂和溶剂会与被涂表面的旧涂层发生化学交联反应。因此,在黏尘时不要用力擦拭和反复擦拭,只要轻轻抹去被涂表面灰尘即可。

(2)喷涂前涂料准备。

①涂料的准备。将调好色的涂料按所需要的量取出,视需要加入固化剂,调整好黏度。

通常的做法是将主剂和固化剂调配好之后,再加入稀释剂调整黏度。

②涂料的过滤。调好色的涂料,难免混有灰尘和杂质,必须过滤之后才能使用,如图7-7所示采用纸漏斗进行颗粒的过滤。

③黏度的调整。涂料黏度随温度而发生变化。即同一种涂料,冬季比夏季显得稠。黏度越高的涂料,随温度而变化的特征越明显,因此,即使加入相同量的稀释剂,夏季的黏度为13~14s,冬季黏度就为20s左右。

(3)面漆的喷涂手法。

面漆的喷涂操作与底漆和二道浆的操作基本相同,只是喷涂的手法要求更加细腻一些,以获得良好的色彩光泽效果,如图7-8所示。

图7-7 涂料的过滤

图7-8 面漆的喷涂

①干喷。指喷涂时选择的溶剂要快干,气压较大,漆量较小,温度较高等,喷涂后漆面较干。

②湿喷。指喷涂时选择的溶剂要慢干,气压较小,漆量较大,温度较低等,喷涂后漆面较湿。

③湿碰湿。一般湿碰湿同上面的湿喷有相似之处,都是未等上道漆中溶剂挥发继续喷涂下一道漆。

④虚枪喷涂。在喷涂色漆后,将大量溶剂或固体分调整得极低的涂料喷涂在面漆上的操作称为虚枪喷涂。

⑤雾化喷涂。俗称飞雾法喷涂,又叫飞漆,一般用于金属漆的施工。

⑥带状涂装。当喷涂某个基材表面的边缘时采用此法。此时应将喷枪扇幅调得相对窄一些,一般调整到约10cm宽。

(4)素色漆局部修补涂装过程举例。

步骤:设修补工件为小车的翼子板。将翼子板分为4个区域(图7-9a),A区域为修补区域,底漆干固后进行打磨。

①对A区域用500#砂纸机磨处理,再扩展到B区域。

②改用粗蜡配合专业擦拭纸擦磨准备C区和D区,直至消去漆面的光亮度。

③清洁后,对整钣除油、除尘。

④调好涂料的颜色和喷枪。

⑤先在 A 区薄薄喷涂一层,再喷涂扩展到 B 区,直至全部覆盖(图 7-9b)。

⑥将剩下的涂料进行稀释,一般的调配比例为 1:1(按涂料生产商的技术要求调配)。

⑦再薄喷 C 区 1 层或 2 层(图 7-9c),喷涂气压、涂料流量相应的调小一些,并在 D 区作过渡处理。

⑧然后在 D 区喷涂驳口水,把过喷漆雾溶解喷涂一薄层,挥发约 15s,再喷涂最后一薄层(图 7-9d)。

⑨烤干冷却后,抛光打蜡。

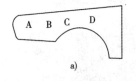
a)
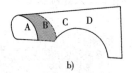
b)
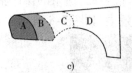
c)
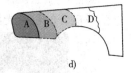
d)

图 7-9　局部喷涂顺序

## 三、学 习 拓 展

**整车喷涂顺序**

对于整车喷涂的路线没有硬性规定或规则。有许多不同的喷涂程序方案,每个操作人员也有自己的操作思路,但有一点是一致的,即如何防止喷涂时产生的漆尘落到已喷涂的涂面上,以及喷涂时保持底材的湿润度。喷涂程序的正确运用对喷涂获得效果是极为重要的。目前,汽车修理厂使用下降式(空气由房顶进入,由地槽排出)通风喷漆房较为普遍,施涂的走枪顺序如图 7-10 所示。

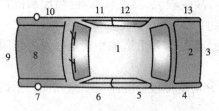

图 7-10　整车喷涂顺序

(1)喷涂车顶。

(2)喷涂后盖,接着喷涂后围板。

(3)喷涂一侧后翼子板、后门、前门、前翼子板。

(4)喷涂发动机舱罩、前围钣。

(5)喷涂驾驶室一侧的前翼子板、前门、后门、后翼子板。

## 四、评价与反馈

**1. 自我评价及反馈**

(1)能否主动参与工作现场的清洁和调整工作?(　　)

　　A. 主动完成　　　　　B. 被动完成　　　　　C. 未完成

(2)完成本学习任务后,你对面漆喷涂施工设备及工具的使用是否熟练和规范?(　　)

　　A. 熟练规范　　　　　B. 规范但不熟练　　　　C. 不会使用

(3)你能否正确规范地完成单、双、三工序漆喷涂的施工操作流程?(　　)

　　　　A. 独立完成　　　　　B. 小组合作完成　　　　C. 在老师的指导下完成
（4）你在面漆喷涂施工工艺流程过程中能否正确、规范地做好安全防护？（　　）
　　　　A. 能　　　　　　　　B. 不能　　　　　　　　C. 在老师的指导下能做好
（5）你在各工序面漆喷涂施工工艺流程过程中分别遇到的困难是什么？怎样解决的？

_____
_____
_____
_____
_____
_____
_____

　　　　　　　　　　　　　　　签名：_____　　_____年_____月_____日

**2. 小组评价及反馈**

（1）是否完成本学习任务的学习目标？（　　）
　　　　A. 完成且效果好　　　B. 完成但效果不好　　　C. 未完成
（2）是否积极学习，不懂的是否积极向别人请教，是否积极帮助他人学习？（　　）
　　　　A. 积极学习　　　　　　　　　　　　B. 积极请教
　　　　C. 积极帮助他人　　　　　　　　　　D. 三者都不积极
（3）工具与油漆有没有落地，有无保持作业现场的整洁？（　　）
　　　　A. 无掉地且场地整洁　　　　　　　　B. 有腻子颗粒掉地
　　　　C. 保持工件表面清洁　　　　　　　　D. 未保持钣件表面及作业现场的清洁
（4）实施过程中是否注意操作质量和有责任心？（　　）
　　　　A. 注意质量，有责任心　　　　　　　B. 不注意质量，有责任心
　　　　C. 注意质量，无责任心　　　　　　　D. 全无
（5）在操作过程中是否注意消除安全隐患，在有安全隐患时是否提示其他同学？（　　）
　　　　A. 注意，提示　　　　　　　　　　　B. 不注意，未提示
　　　　　参与评价的同学签名：_____　　_____年_____月_____日

**3. 教师评价及答复**

_____
_____
_____
_____
_____
_____
_____

　　　　　　　　　　　　　　　教师签名：_____　　_____年_____月_____日

## 五、技能考核标准

| 序号 | 项目 | 操作内容 | 规定分 | 评分标准 | 得分 |
|---|---|---|---|---|---|
| 1 | 准备工作 | 工具设备的准备<br>防护用品的准备<br>场地的准备<br>耗材的准备<br>学习资料的准备<br>个人状态的准备 | 10分 | 准备不充分酌情扣1~4分<br>不会准备或未准备扣10分<br>个人状态不好扣5分 | |
| 2 | 清洁遮蔽 | 除尘除油方法<br>擦拭布的使用<br>遮蔽位置和方法 | 4分<br>2分<br>4分 | 不当扣1分,不会扣4分<br>不当扣1分,不会扣2分<br>不当扣1分,不会扣4分 | |
| 3 | 面漆施涂 | 面漆调和<br>喷枪的调整<br>面漆喷涂 | 5分<br>5分<br>10分 | 不当扣2分,不会扣5分<br>不当扣2分,不会扣5分<br>不当扣3分,不会扣10分 | |
| 4 | 面漆干燥 | 烤漆房的使用<br>参数的选择<br>干燥的方法 | 5分<br>5分<br>5分 | 不当扣2分,不会扣5分<br>不当扣2分,不会扣5分<br>不详扣2分,错误扣5分 | |
| 5 | 质量评估 | 喷涂表面质量<br>评估内容<br>驳口区质量 | 6分<br>6分<br>3分 | 出现一处扣1分<br>出现一处扣1分<br>不达标扣3分 | |
| 6 | 完成时限 | 25min | 10分 | 超时1min扣2分 | |
| 7 | 安全生产 | 个人防护<br>设备安全<br>人员安全<br>场地安全 | 4分<br>2分<br>2分<br>2分 | 防护不全扣4分<br>隐患扣1分,事故扣2分<br>隐患扣1分,事故扣2分<br>隐患扣1分,事故扣2分 | |
| 8 | 结束工作 | 5S工作 | 10分 | 错一项扣1分,扣完为止 | |
| | | 总分 | 100分 | | |

# 学习任务八　塑料件的涂装修复

**任务要求**

完成本学习任务后,你应:
1. 了解汽车车身上塑料件的位置及类型;
2. 熟悉各种塑料件的性能;
3. 掌握塑料件的修复方法;
4. 能合理制订出塑料件的修复方案。

建议学时:18 学时

## 任务描述

贾先生的爱车发生轻微交通事故,导致前保险杠擦花和轻微裂开。根据检查确认,贾先生选择进行修复性复原。请你根据上述信息给出汽车塑料件的修复方案。

## 学习流程

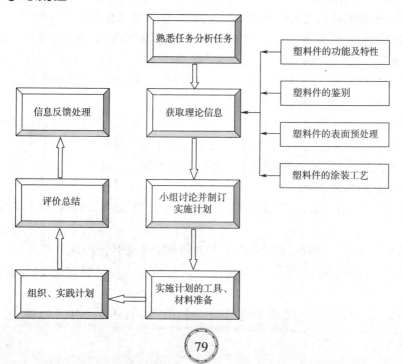

# 一、理论知识准备

## 1. 塑料件的种类与特性

塑料已经成为汽车制造的重要材料之一,塑料件在汽车车身上的应用仅次于金属件,约占全车车身材料的10%。汽车车身上的塑料件分布如图8-1所示。因此,做好塑料件的涂装,是汽车车身涂装重要的工作之一。

图8-1 汽车车身上的塑料件

(1)汽车塑料件的种类及其在车身上的应用。根据不同的分类方式,塑料有很多种类型。常用的是根据其受热之后的性能,可分为热塑性和热固性2种。

热塑性塑料是指加热软化变形,冷却硬化成形,再次加热,又能软化变形再成形,如此反复,可多次成形或改变形状的塑料。热塑性塑料加工方便,力学性能好,耐热性较差。在汽车车身上应用广泛。如ABS、PP、PVC、PC、PE等热塑性塑料广泛用于汽车的保险杠、内外饰板、仪表板、护板、格栅等部件,如图8-2所示。

热固性塑料是指一次加热固化之后,不再受热软化变形的塑料。这种塑料耐热性好,成形稳定,但力学性能较差。常应用在汽车车身形状稳定、耐热受压等部件上。如EP、UP、TPUR等热固性塑料用于制造玻璃钢车身板及保险杠等,如图8-3所示。

(2)汽车塑料件的特性。

①塑料的密度比铝、铁、钢等低许多,用它制作汽车零部件,可减轻汽车整车质量,降低油耗。

②塑料件不导电、不传热,可用来制作汽车电器的绝缘件及隔热零部件。

③塑料件的韧性较好,具有较好的防振、耐磨性能,可以用来制作耐磨、减振零件等。

④塑料的力学性能较差,受力易变形,不易制作支撑件或受力件。

⑤塑料件耐热性不好,不易制作耐高温零件。

图 8-2　热塑性塑料仪表板

图 8-3　热固性塑料保险杠

**2. 塑料件的鉴别**

(1)燃烧法。切下小块塑料进行燃烧,通过燃烧火焰及气味来判断塑料的类型。如PVC塑料,燃烧迅速,火焰呈绿色,有盐酸味;ABS塑料燃烧有较浓的烟雾。

(2)打磨法。采用干磨砂纸打磨塑料件,观察其打磨状况来判断塑料类型。如PP塑料打磨会产生较多粉末,而PU塑料打磨几乎没有粉末产生。

(3)焊接法。采用不同类型的塑料焊条与被鉴别塑料进行试焊,如果能焊接,则该塑料就是与焊条类型相吻合的塑料。

(4)直接查询法。通过塑料件背面的ISO国际符号标志及汽车维修手册来查找对应的塑料件类型。这种方法快捷准确,应用最为广泛。

**3. 塑料件的表面预处理方法**

汽车塑料件的表面光滑,摩擦小,附着力差。因此,在对塑料件进行涂装作业时,通常要非常仔细地对其进行表面处理,以满足涂装的要求。常见的塑料件表面处理方法有:

(1)脱脂处理。脱脂处理可以采用溶剂清洗或碱液清洗,使塑料件表面膨胀松弛,从而提高塑料件表面的涂膜附着力。

(2)化学处理。采用适当的化学物质对塑料件进行化学反应,使其形成活性基因,促使塑料件表面呈现多孔状,从而改善涂料在塑料件上的附着力。

(3)退火处理。塑料件多是高温成形,在高温注塑冷却成形时,极易产生内应力,从而使塑料件变得脆弱易开裂。为了消除内应力,需对塑料件进行加热至变形的临界温度下并保持一定的时间,这就是塑料的退火处理。

**4. 塑料件修复涂装的工艺流程**

塑料件的涂装分新塑料件涂装和旧塑料件修复涂装2类。新塑料件涂装是指用于新车制造时塑料件的涂装或者修复时更换的裸塑料件的涂装。旧塑料件是指在用塑料件,其表面有旧漆层,但已经出现损坏,需要修补涂装的塑料件。其修复涂装工艺如图8-4所示。

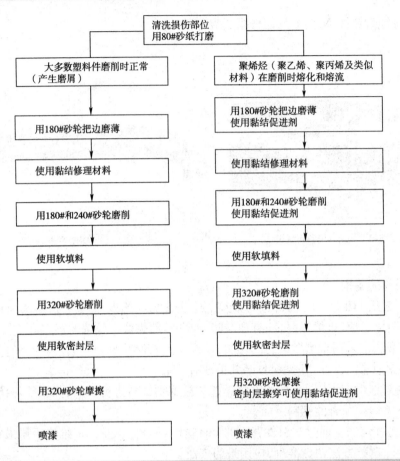

图 8-4 塑料件修复涂装的操作流程

## 二、实践操作

**1. 实践准备**

（1）工具准备。

① 防护装备：

② 使用工具：气体吹枪、红外线烤灯、单作用打磨机、手钻头、无尘干磨系统、手刨。

（2）材料准备：除尘布、除油剂、清洗剂、保险杠、打磨架、塑料原子灰、黏合剂、塑料底漆、塑料面漆、干磨砂纸、流程作业单、工作页。

（3）场地准备：实训工位、喷漆室、烤漆房。

## 2. 注意事项

（1）规范穿着、防护，规范使用工具及其设备，注意操作安全。
（2）了解塑料件的类型和特性，选择配套的修复材料。
（3）若采用聚丙烯底漆防腐，则不能用除油脂溶剂除油。
（4）塑料原子灰与固化剂混合后，必须在 5min 以内施涂完成。
（5）塑料原子灰不能长期存放于敞口的容器中，以免胶黏剂变质，溶剂挥发，造成黏挂不住，出现脱落或不易涂刮等问题。
（6）原子灰加热温度不能超过 50℃，其表面温度要降到室温以后才能开始打磨。
（7）必须正确计量软化剂。
（8）开口或钻孔要注意位置和开度，不易过大过长。
（9）中涂底漆和面漆要配套，否则易脱落、老化等。
（10）烘干温度不易超过 70℃，塑料件升温慢，要均匀加热。

## 3. 作业准备

（1）进入工位前，将工位清理干净，准备好相关器材。
（2）操作人员应整齐、规范地穿戴个人安全防护用品。
（3）检查所使用设备能否正常工作。
（4）根据工作流程作业单再次确认所需要材料是否齐全，摆放是否到位。

## 4. 塑料件的涂装过程实施

（1）表面预处理。

①变形的修整。变形量较小的塑料件，可以采用手工修整，恢复其形状，如图 8-5 所示；如果是热塑性塑料，变形量较大，可以采用红外线烤灯加热修复，如图 8-6 所示。

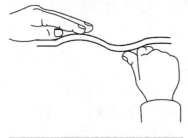
图 8-5　手工修复塑料件

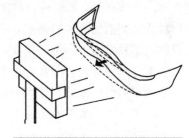
图 8-6　加热修复保险杠

②裂纹的处理。塑料件由于其韧性的延展，如果发生裂纹而不及时处理，就会越裂越大，甚至断裂。常见处理裂纹的方法有：

a. 钻孔。用 4mm 左右的钻头在裂纹的末端钻孔，扩大间隙，消除塑料的延展性，防止裂纹进一步发展，如图 8-7 所示。

b. 做 V 型沟槽。用单作用打磨机或砂轮机沿着裂纹方向做 V 型沟槽，防止裂纹加大，如图 8-8 所示。

c. 黏合剂胶粘。用砂轮机磨掉裂纹附近旧涂层，清洁除脂，并涂上合适的底漆。然后在裂纹背面前端部位固定一块辅助材料（如薄钢板、薄木板等），用钣金夹固定好，如图 8-9 所示。然后将调和好的黏合剂涂抹在裂纹处，并用玻璃纤维布压紧收平，形成平整的涂层，如

图 8-10 所示。

③表面平整。表面平整主要是将涂过黏合剂的部位,通过打磨或刮原子灰来恢复表面的形状。

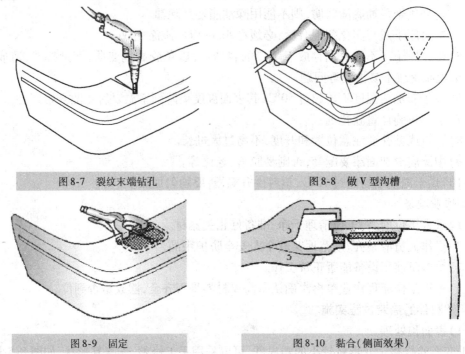

图 8-7　裂纹末端钻孔　　　　图 8-8　做V型沟槽

图 8-9　固定　　　　图 8-10　黏合(侧面效果)

(2)原子灰施工。原子灰施工的目的是为了填平凹陷,恢复塑料件的平整度。
①用 P180~P240#干磨砂纸配合打磨机打磨缺陷,并磨出羽状边。
②用塑料除油剂清洁需填补部位。
③在裸露的塑料部位上薄涂一层塑料底漆。
④在缺陷部位刮涂塑料件专用的塑料原子灰。
⑤自然干燥或用红外线烤灯于 50cm 左右的距离、50℃的温度烘干。
⑥用 P120~P240#干磨砂纸配合无尘干磨系统或手动打磨块打磨塑料原子灰,注意打磨力度要适中,如图 8-11 所示。

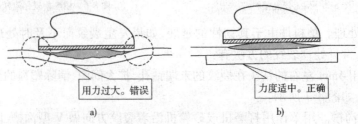

a)　　　　b)

图 8-11　手动打磨塑料原子灰

⑦除尘、贴护、除油。
(3)中涂底漆的施涂。
①选择合适的中涂底漆品种,按规定调和好中涂底漆。

②对待喷涂部位薄喷2~3涂层。

**注意**

喷涂时每层之间的间隔时间,通常以3min左右为宜。时间太长,底层干透,不易粘附;时间太短,未流平,易产生流挂等。

③采用自然干燥或红外线烤灯烘干。

**注意**

红外线烤灯烘烤时,距离在50~100cm为宜,温度在40~60℃之间。距离太近,温度太高,会造成加热过度,导致塑料件变形;距离太远,温度太低,会导致加热不良,干燥缓慢。

④用P400#或P500#砂纸配合无尘干磨系统或者手动打磨块打磨中涂底漆。对于边角和不好打磨的地方,可以采用较细的灰菜瓜布进行打磨。

**小知识**

汽车车身修补涂装作业中,中涂底漆打磨的砂纸选择是根据面漆类型来选择的。面漆类型如果是金属漆,则打磨中涂底漆的干磨砂纸选P500#,水磨砂纸选P800#;面漆类型如果是素色漆,则打磨中涂底漆的干磨砂纸选P400#,水磨砂纸选P600#。

⑤检查、除尘、遮蔽、除油。

(4)面漆施涂。

①再次除油,并用黏尘布彻底清除钣材上的微尘。

②根据所喷涂料类型和使用方法,调和好面漆,对于较软塑料,应该在涂料中加入适量的塑料柔软剂。

③按照一般工件的喷涂方法进行面漆喷涂,注意喷涂时间间隔,如图8-12所示。

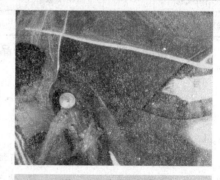

图8-12 喷涂塑料面漆

**想一想**

在图8-12中,你发现有何不当的地方?有什么危害?需要如何改进?

④干燥及修整面漆。采用红外线烤灯或烤漆房对面漆进行干燥,并对漆病进行处理。

## 三、学习拓展

**1. 汽车用塑料的类型、用途及涂料选择**

汽车用塑料的类型、用途及涂料选择,见表8-1。

汽车用塑料类型、用途及涂料选择　　　　表8-1

| 塑料名称 | 代号 | 汽车上用途 | 适合的涂料品种 | 属性 |
|---|---|---|---|---|
| 环氧树脂 | EP | 玻璃钢车身板 | 大部分涂料均适用 | 热固性 |
| 不饱和聚酯 | UP | 玻璃钢车身板 | 乙烯涂料 | 热固性 |
| 热固聚氨酯 | TPUR | 保险杠、防撞板 | 醇酸、聚氨酯涂料 | 热固性 |
| 聚酰胺 | PA | 外装饰板 | 氨基、丙烯酸、聚氨酯涂料 | 热塑性 |
| 聚乙烯 | PE | 内翼子板、衬板、阻流板 | 环氧、丙烯酸涂料 | 热塑性 |
| 聚丙烯 | PP | 内饰板、内衬板、面罩、翼子板、散热器、仪表台、保险杠 | 环氧、丙烯酸、聚氨酯涂料 | 热塑性 |
| 聚苯乙烯 | PS | 内饰板 | 环氧、硝基、丙烯酸涂料 | 热塑性 |
| 聚碳酸酯 | PC | 格栅、仪表台、灯罩 | 丙烯酸、有机硅、聚氨酯涂料 | 热塑性 |
| 丙烯腈-丁二烯-苯乙烯共聚物 | ABS | 车身板、仪表台、格栅、前照灯外罩 | 多数涂料均适合 | 热塑性 |
| 聚氯乙烯 | PVC | 内衬板、软质填板 | 丙烯酸、聚氨酯涂料 | 热塑性 |
| 聚氨酯 | PUR | 保险杠、车身板 | 醇酸、聚氨酯涂料 | 热塑性 |
| 热塑橡胶 | TPR | 前轮罩板 | 乙烯、聚氨酯涂料 | 热塑性 |
| 聚酯(玻璃钢) | SMC | 玻璃钢车身板 | 环氧、丙烯酸、聚氨酯涂料 | 热塑性 |

**2. 通过查阅资料,收集并说明各种品牌车系在车身制造上所采用的塑料件工艺特色**

## 四、评价与反馈

**1. 自我评价及反馈**

(1)能否主动参与工作现场的清洁和调整工作?(　　　)
　　A. 主动完成　　　　B. 被动完成　　　　C. 未完成
(2)完成本学习任务后,你对塑料件涂装设备及工具的使用是否熟练和规范?(　　　)
　　A. 熟练规范　　　　B. 规范但不熟练　　　C. 不会使用
(3)你能否正确规范地完成塑料件修复涂装的施工操作流程?(　　　)
　　A. 独立完成　　　　B. 小组合作完成　　　C. 在老师的指导下完成
(4)你在施工工艺流程过程中能否正确、规范地做好安全防护?(　　　)
　　A. 能　　　　　　　B. 不能　　　　　　　C. 在老师的指导下能做好

(5)你在完成工艺流程过程中遇到的困难是什么？怎样解决的？
_____
_____
_____

签名：_____　_____年_____月_____日

**2. 小组评价及反馈**

(1)是否完成本学习任务的学习目标？(　　)
  A.完成且效果好　　　B.完成但效果不好　　　C.未完成
(2)是否积极学习，不懂的是否积极向别人请教，是否积极帮助他人学习？(　　)
  A.积极学习　　　　　　　　　B.积极请教
  C.积极帮助他人　　　　　　　D.三者都不积极
(3)工具与腻子颗粒有没有落地，有无保持作业现场的整洁？(　　)
  A.无掉地且场地整洁　　　　　B.有腻子颗粒掉地
  C.保持工件表面清洁　　　　　D.未保持钣件表面及作业现场的清洁
(4)实施过程中是否注意操作质量和有责任心？(　　)
  A.注意质量，有责任心　　　　B.不注意质量，有责任心
  C.注意质量，无责任心　　　　D.全无
(5)在操作过程中是否注意消除安全隐患，在有安全隐患时是否提示其他同学？(　　)
  A.注意，提示　　　　　　　　B.不注意，未提示

参与评价的同学签名：_____　_____年_____月_____日

**3. 教师评价及答复**
_____
_____
_____

教师签名：_____　_____年_____月_____日

## 五、技能考核标准

| 序号 | 项目 | 操作内容 | 规定分 | 评分标准 | 得分 |
|---|---|---|---|---|---|
| 1 | 准备工作 | 工具设备的准备<br>防护用品的准备<br>耗材的准备<br>学习资料的准备<br>个人状态的准备 | 15分 | 准备不充分酌情扣1~5分<br>不会或未准备扣15分<br>个人状态不好扣5分 | |
| 2 | 表面预处理 | 清洁表面<br>损伤处理<br>底漆施涂<br>羽状边打磨 | 2分<br>5分<br>3分<br>5分 | 不全扣1分，未做扣2分<br>不当扣2分，不会扣5分<br>不当扣1分，不会扣3分<br>不当扣2分，不会扣5分 | |

续上表

| 序号 | 项目 | 操作内容 | 规定分 | 评分标准 | 得分 |
|---|---|---|---|---|---|
| 3 | 原子灰施工 | 调和塑料原子灰 | 2分 | 不均匀扣2分 | |
| | | 施涂塑料原子灰 | 4分 | 不平扣2分,不会扣4分 | |
| | | 干燥塑料原子灰 | 2分 | 不当扣2分 | |
| | | 打磨塑料原子灰 | 4分 | 不当扣2分,不会扣4分 | |
| | | 填补塑料原子灰 | 3分 | 不当扣1分,不会扣3分 | |
| 4 | 中涂底漆喷涂 | 调和中涂底漆 | 5分 | 不会选择扣5分 | |
| | | 施涂中涂底漆 | 5分 | 不当扣2分,不会扣5分 | |
| | | 干燥打磨 | 5分 | 不详扣2分,错误扣5分 | |
| 5 | 面漆施涂 | 调和面漆 | 5分 | 不会选择扣5分 | |
| | | 施涂面漆 | 5分 | 不当扣2分,不会扣5分 | |
| | | 干燥、漆病处理 | 5分 | 不详扣2分,错误扣5分 | |
| 6 | 完成时限 | 45min | 10分 | 超时1min扣2分 | |
| 7 | 安全生产 | 个人防护 | 4分 | 防护不全扣4分 | |
| | | 设备安全 | 3分 | 隐患扣1分,事故扣2分 | |
| | | 场地安全 | 3分 | 隐患扣1分,事故扣2分 | |
| 8 | 结束工作 | 5S工作 | 10分 | 错一项扣1分,扣完为止 | |
| | 总分 | | 100分 | | |

# 学习任务九　车身涂装质量检验及漆病处理

**任务要求**
完成本学习任务后,你应:
1. 能知道常见漆病的类型及原因;
2. 能认识并熟练使用漆膜质量检验的设备;
3. 能掌握漆病的处理方法和漆膜质量的检验方法;
4. 能制订切实可行的操作方案。
建议学时:18 学时

## 任务描述

涂装技师黄师傅带着徒弟对贾先生的事故车辆进行了涂装修复,由于场地、气候、技术等因素,在面漆施涂完毕后,经过对涂装质量的检验,发现漆面有一些细微的漆病,需要进行处理。请你为黄师傅制订切实可行的处理方案。

## 学习流程

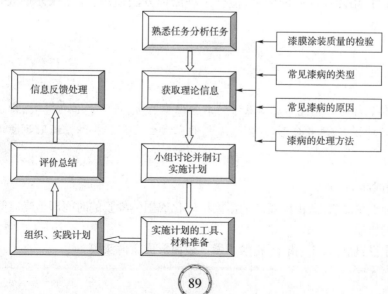

# 一、理论知识准备

**1. 涂料性能**

1）液体涂料的主要性能

（1）清漆透明度。

清漆应具有足够的透明度，清澈透明，无任何机械杂质和沉淀物。

（2）颜色与外观。

①清漆：清漆颜色越浅越好。真正水白透明无色的清漆很难达到，多数清漆都带有微黄色。

②色漆：呈现的颜色应与其颜色名称一致，纯正均匀。在日光照射下，经久不褪色。

（3）固体分。

①定义：固体在涂料组成中的含量比例，用百分比表示。

②不同漆种固体分如下：

a. 聚氨酯漆：40%~50%；

b. 挥发型硝基漆：15%~20%；

c. 无溶剂型不饱和聚酯漆和光敏漆：100%。

想一想

固体分对涂装有何意义？

（4）黏度。

黏度即流体内部阻碍其相对流动的一种特性，也称黏(滞)性或内摩擦，也就是液体涂料的黏稠或稀薄的程度。

①原始黏度：是指用漆单位购进的漆的黏度。

②工作黏度：用稀释剂调配涂料，适合某种涂饰方法使用，并能保证形成正常涂层的黏度。

注意

涂料黏度与周围环境气温以及涂料本身温度有关，当涂料被加热时，黏度自然降低。在施工过程中，随着溶剂的挥发，涂料的黏度会变高。要注意随时测量涂料的黏度。

（5）干燥时间。

涂料涂饰于制品表面，由能流动的湿涂层转化成固体漆膜的时间即干燥时间，它表明涂料干燥速度的快慢。

①表面干燥：也称表干、指干、指触干燥。表面形成微薄漆膜。

②实际干燥：涂层已完全转变成固体漆膜，具有一定硬度。

③完全干燥：也称彻底干燥，是指漆膜已干透，已达到最终硬度，具备了漆膜的全部性能。

(6) 施工时限。

施工时限也称配漆使用期限，是指多组分漆按规定比例调配混合后能允许使用的最长时间。施工时限长短对于施工影响很大。时限过短，因来不及操作或黏度增加而影响施工和涂料的流平，成膜易出现各种缺陷等。

(7) 储存稳定性。

涂料不是可以长期储存的材料，一般来说，从生产日期算起，至少有半年至一年以上的使用储存期，在此期限内储存应是稳定的。

涂料的储存稳定性与存放的外界环境、温度、日光直接照射等因素有关。

(8) 流平性。

流平性是指涂料经某种涂饰方法（刷、喷、淋等），涂饰到某表面上后，液体涂层能否很快流动分布均匀平整的性能。

涂料流平性与其黏度、所含溶剂的沸点高低、表面张力、涂料本身温度有关。

2) 固体漆膜的性能

(1) 附着性。

附着性也称附着力，是指涂层与基材表面之间或涂层之间，通过物理与化学作用相互牢固黏结的能力。提高附着力应使成膜物质分子充分流动、铺展，使基材表面能被成膜物质溶液充分润湿。

> **想一想**
>
> 基材表面状态影响漆膜附着力的因素有哪些？

(2) 硬度。

硬度是材料的一种机械性质，是材料抵抗其他物质刻画、碰撞或压入其表面的能力。

漆膜硬度并非越高越好，过硬的漆膜柔韧性差，容易脆裂，抗冲击强度低也影响附着力。

(3) 耐液性。

耐液性指漆膜接触各种液体（水、溶剂、饮料、酸、碱、盐以及其他化学药品等）时的稳定性。

耐液性测定方法：用浸透各种试液的滤纸放在试样表面，经规定时间后移去，根据漆膜损伤程度评级。

(4) 耐热性。

耐热性指漆膜经受了高温作用而不发生任何变化的性能。

耐热性测定方法：用一铜试杯（内盛矿物油），加热至规定温度置于试样板漆膜上，经规定时间移走，检查漆膜状态与光泽变化情况评级（干热测定）。

(5) 耐磨性。

耐磨性指漆膜在一定的摩擦力作用下，成颗粒状脱落的难易程度。

耐磨性测定方法:采用漆膜磨耗仪。以一定负载下不露白的研磨转数与漆膜在规定转数(一般100r/min)下的失重克数表示,以此来评定漆膜耐磨性等级。

(6)耐温变性。

耐温变性也称耐冷热温差变化性能,是指漆膜能经受温度突变的性能,即能抵抗高温与低温异常变化。耐温变性差的漆膜就有可能开裂损坏。

耐温变性测定方法:将涂漆干透的样钣连续放入高温(40℃)恒温恒湿箱与低温(-20℃)冰箱,观察漆膜的变化,以不发生损坏变化的周期次数表示。

(7)耐冲击性。

耐冲击性指涂于基材上的涂膜在经受高速率的重力作用下,可能发生变形但漆膜不出现开裂,以及从基材上脱落的能力。

(8)光泽。

光泽是物体表面对光的反射特性。决定一个表面光泽高低的主要因素是该表面粗糙不平的程度。

**2. 涂装质量的检测**

1)漆膜厚度的检测

漆膜厚度均匀达标,是涂装质量可靠的保证。通常漆膜厚度在115~140μm。如果车身表面漆膜厚度厚薄不均,差异很大,既可以用于判断涂层为修补漆,也会造成整车车身涂膜质量不当,涂膜寿命降低等现象发生。

漆膜厚度通常采用漆膜厚度仪来进行测量。在涂装局部修补中,检测漆膜厚度需要同时测量新旧涂层的厚度,并相互对比,根据两者的差异从而确定修补涂膜的质量。

2)漆膜硬度的检测

漆膜硬度的测量常采用铅笔硬度计进行。通过选择不同硬度的铅笔在漆膜表面划拭,当该硬度刚好划伤漆膜表面,则该硬度值加一级,为漆膜的硬度。如采用B硬度的铅笔刚好划伤漆膜表面,则该漆膜的硬度为HB。铅笔的硬度从6B~6H不等。

3)漆膜光泽度的检测

采用光泽度仪对漆面进行光学测量,并与标准值对比。如果低于标准值太多,则说明在涂装过程中出现了失误,或者涂料不当、失效等。在测量时一定要先将光泽度仪彻底清洁,不要含有杂质和粉尘,以免影响测试结果。

检测素色漆时只需要采用90°角的光泽度仪测量;检测金属漆时通常选用多角度的光泽度仪,以保证在不同的角度都获得良好匹配的涂膜。

4)漆膜附着力的检测

通常采用划规器划伤漆膜的方式来检测漆膜的附着力强弱。如果过强,则表明涂装时涂料的混合配比不当;如果过弱,则可能表面未清洁干净,或者涂料混合配比不对。

 **小结**

漆膜厚度及光泽度检测不会损伤漆面,通过抛光就能恢复涂膜质量;而硬度、附着力等检测会严重破坏涂层,需要重新喷涂。

## 学习任务九　车身涂装质量检验及漆病处理

**3. 常见漆病类型、原因及修补**

涂膜漆病有很多种类型,究其原因,主要是由外界因素和涂料及喷涂操作两大原因造成的。本书就常见类型进行概述,以期在实践过程中尽量避免。

1) 外界因素造成的涂膜漆病

由于风吹日晒、酸雨浸蚀、化学污染、自然条件等因素的影响,汽车车身涂膜常产生水斑、酸雨斑、黑点、油斑、飞石损伤、褪色或变白、烟灰斑、生锈等漆病,如图9-1所示。

图9-1　外界对漆膜的影响因素

(1) 水斑。

①特征:车辆水平面经常会有白色环状的水滴痕形成,而极少出现在车辆侧面。偶尔会有水滴掉落后,涂膜干燥而产生条纹痕。水斑也会出现在车窗或饰条上,如图9-2所示。

②成因:水滴(雨水,洗车所使用的自来水或井水)中含有钙和硅,当水分蒸发后,所残留下来的白色沉淀物会集中在水滴的周围,如图9-3所示。

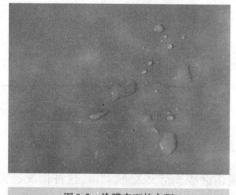

图9-2　涂膜表面的水斑

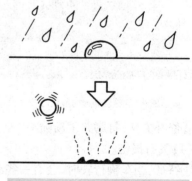

图9-3　水斑的成因

③修补方法:

水洗——清洗车辆,从涂膜表面去除污物和尘垢。

抛光——使用抛光剂抛光涂膜表面，以去除洗车后残留在车辆上的水斑。

(2) 鸟屎。

① 特征：这一类的损伤是由于鸟或昆虫的排泄物与涂膜接触所导致，会在涂膜面上形成漆面隆起、龟裂和剥落的现象，因为排泄物中含有不同的成分，如图9-4所示。

② 成因：飞鸟等排泄物中的有机酸渗透入涂膜导致涂膜隆起。此外，有机酸会使涂膜的分子结构分离，加上温度的变化、紫外线和湿气，最后会导致涂膜龟裂和剥落。涂膜面上的损伤范围和形状将会因鸟或昆虫的种类或它们的食物而有许多不同变化，如图9-5所示。

图9-4 鸟屎的缺陷

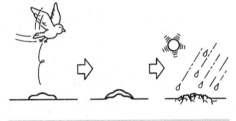

图9-5 鸟屎的成因

③ 修补方法：

加热——加热涂膜表面以使深入涂膜的湿气和有机酸蒸发出来。

抛光——若有残余的隆起部位，研磨凸起部位并搭配抛光剂来抛光。

喷涂——使用约400#砂纸磨除缺陷部位，并重新喷涂。

(3) 塑化或硫化剂污染。

① 特征：当塑胶板或橡胶材质的物体被放置在涂膜上，顺着塑胶或橡胶物体的形状涂膜会隆起或变色，如图9-6所示。

② 成因：由塑胶板中包含的塑化剂或橡胶材质包含的硫化剂转移至涂膜表面，导致涂膜有隆起或变色的现象。隆起现象大多发生于塑胶材质，变色现象大多发生于橡胶材质，如图9-7所示。

图9-6 涂膜表面的塑化污染

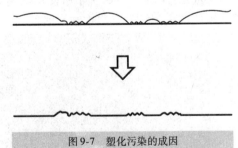

图9-7 塑化污染的成因

③ 修补方法：打磨并重新喷涂。

(4) 飞石损伤。

① 特征：当车辆行驶时，会有一些小石子撞击涂膜而导致涂膜剥落，这种情况经常发生在车辆发动机罩或车顶的前端边缘部位。若小石子弹跳起来也可能损伤到车门槛板、车门下围板或轮弧外板部位，涂膜剥落的部位通常会形成锐利或锯齿状的表面。偶尔，小石子会导致该区域中间部位产生小凹陷的现象，如图9-8所示。

 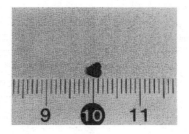

图9-8 飞石损伤

②成因:车辆行驶时,小石子冲撞涂膜面,其结果使涂膜剥落,如图9-9所示。

③修补方法:

研磨——研磨缺陷部位直到表面平顺为止。若有生锈,需将锈完全去处。

喷涂——使用调好颜色的涂料,重新喷涂该部位。

(5)褪色或变白。

①特征:车辆使用很长的时间后,涂膜会有失光的现象。浅色漆会转变为微黄色。涂膜表面会变白,粉化且没有光泽,如图9-10所示。

图9-9 飞石损伤的成因　　　图9-10 褪色

②成因:这种缺陷的产生是由于紫外线、高温和湿气而导致涂膜中的树脂和颜料变质。

褪色是由于颜料变质所导致的,变黄是由于紫外线照射导致树脂的变质,变白和粉化则是由于树脂的变质而变成粉状,如图9-11所示。

③修补方法:

抛光——使用抛光作业去除缺陷层。

喷涂——若抛光仍无法修复缺陷或修复补救后又再度发生时,则将缺陷层磨除并重新喷涂该区域。

2)涂料或操作因素引起的涂膜漆病

涂装作业中,涂膜的漆病多数起因于涂料的选择和施涂的操作(尤其是学徒工)。常造成垂流、鱼眼、橘子皮、溶剂气泡、针孔、砂纸痕、失光、原子灰印痕、起泡/起痱子、缩皱、龟裂、起雾、剥落、渗色、色差等漆病。

(1)垂流。

①特征:涂膜干燥前,涂料的流动和聚集,如图9-12所示。

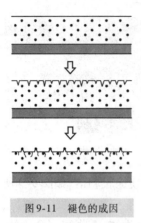

图9-11 褪色的成因

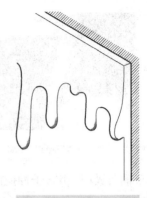

图9-12 垂流

②成因：涂膜厚涂时添加太多的涂料稀释剂或者使用慢干型的稀释剂。

③修补方法：

研磨——使用磨石或2000#砂纸研磨缺陷，直到平顺为止。

抛光——用抛光剂抛光以去除砂纸痕。

喷涂——若垂流的区域过大时，则将缺陷部位研磨平顺，然后重新喷涂该区域。

（2）鱼眼。

①特征：在涂膜面形成像火山口一样的凹陷现象，如图9-13所示。

②成因：喷涂前，表面并未实施适当的清洁，并且有油渍或硅残留在涂膜表面。若油渍（或硅）残留在被涂物的表面，则涂料将无法附着在被涂面，而产生鱼眼。

③修补方法：

研磨——研磨缺陷部位，直到表面平顺为止。

喷涂——使用调好色的涂料，重新喷涂该部位。

（3）橘皮。

①特征：在涂膜表面呈现橘子皮的现象，如图9-14所示。

图9-13 鱼眼

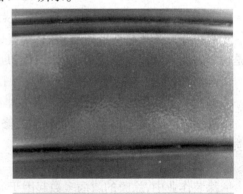

图9-14 橘皮

②成因：涂膜在流平之前就已经硬化；当涂料黏度太高，使用挥发速度不恰当的油漆稀释剂；过高的空气压力或喷枪距离太远；被涂物表面的温度高等。

③修补方法：

研磨——使用 2000#砂纸研磨涂膜纹路,直到表面平顺为止。

抛光——用抛光作业来调整纹路,若以前已实施研磨作业时,则须去除砂纸痕。

喷涂——使用适当号数的砂纸(约 400~600#砂纸)研磨需研磨的部位,然后使用调好色的涂料,重新喷涂该部位。

(4)溶剂气泡。

①特征:在涂膜表面形成小孔或产生一群气泡,溶剂气泡时常发生在水平的表面或钢板边缘涂膜较厚的部位,如图 9-15 所示。

 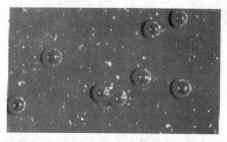

图 9-15　溶剂气泡

②成因:若喷涂完后,涂膜立即被强制干燥,涂膜内部在未干燥前,涂膜表面就已硬化。当内部溶剂要挥发时,将会堆积在已硬化的涂膜表面而导致隆起的现象。而且,当溶剂穿透出涂膜面就会形成小孔。

③修补方法:

研磨——研磨缺陷部位,直到表面平顺为止。

喷涂——使用调好色的涂料,重新喷涂该部位。

(5)针孔。

①特征:若涂膜表面原本已有小孔的存在,且外层涂膜无法将它填平,因此会在涂膜面上残留有凹陷的现象,如图 9-16 所示。

②成因:中涂底漆或原子灰砂眼造成的面漆层针孔。

③修补方法:

研磨——使用 2000#砂纸将缺陷部位研磨平顺。

抛光——用抛光作业将缺陷或砂纸痕去除。

喷涂——使用适当号数的砂纸(约 400~600#砂纸)研磨该部位,然后使用调好色的涂料,重新喷涂该部位。

(6)砂纸痕。

①特征:由于研磨底涂层所用的砂纸痕无法被上涂涂膜所填平而导致的。依照砂纸移动的方式或所使用的气动研磨工具,而有直线、曲线、螺旋状的砂纸痕。如图 9-17 所示。

②成因:研磨底涂层所用的砂纸痕无法被涂膜所填平;若底涂层未彻底干燥前即开始研磨,且接着喷涂面漆;一次喷涂黏度高的厚涂膜或使用慢干型的油漆稀释剂等。

③修补方法:

研磨——使用 2000#砂纸去除砂纸痕。

抛光——用抛光作业砂纸痕去除。

喷涂——使用适当号数的砂纸(约400~600#砂纸)研磨该部位,然后使用调好色的涂料,重新喷涂该部位。

图9-16 针孔

图9-17 砂纸痕

(7)气泡/起痱子。

①特征:起泡是在涂膜表面形成球状般的隆起。通常隆起的直径在0.5~2.0mm的起泡会聚在一个小的区域,随着时间的增长,隆起会增大,如图9-18所示。

②成因:

a.湿气存在于涂膜底层,而将涂膜顶起。涂膜喷涂在一个没有将油渍或湿气清洁干净的底涂层上。

b.湿气渗透入涂膜并聚集在污垢的周围。若外部的温度上升时,在涂膜下方的湿气就会蒸发,向上的压力就会导致涂膜隆起和起泡。

c.空手或不当的清洁会将手印或擦拭痕迹残留在涂膜面,导致起泡。

d.底涂层使用防水性低或附着力差的材质时,起泡将会发生在整个喷涂区域。

e.车辆在高温和高湿的状态下喷涂时,较容易发生起泡的现象。

③修补方法:

研磨——将旧涂膜磨除到钢板。

喷涂——由底漆作业开始,重新喷涂。

(8)缩皱

①特征:涂膜被咬起而在涂膜面形成细纹缩皱的现象,如图9-19所示。

图9-18 起痱子

图9-19 缩皱

②成因:由于上涂膜的溶剂渗入,使旧涂膜产生隆起,在收缩的过程中,造成内部涂膜的紧缩,使上涂表面产生缩皱的现象。

③修补方法:给予涂膜彻底的干燥;彻底去除缺陷部位的涂膜;使用已经调好色的涂料,重新喷涂该部位。

**4. 漆病处理的操作流程**

## 二、实 践 操 作

**1. 实践准备**

(1) 工具准备。

①防护装备:

②使用工具:放大镜、红外线烤灯、抛光机、打蜡机、手刨、喷枪、喷漆房干磨系统等。

(2) 材料准备:粗蜡、中蜡、细蜡、抛光剂、干磨砂纸、油漆、香蕉水、工作页。

(3) 场地准备:调漆室、喷漆室、美容工位。

**2. 注意事项**

(1) 规范穿着、防护,规范使用工具及其设备,注意操作安全。

(2) 正确使用干燥设备,小心触电。

(3) 抛光机的使用和维护正确到位,转速要按规定设置。

(4) 不要在旋转工具附近放置任何杂物。

(5) 大面积抛光操作时,注意区域的选择和抛光剂的施涂范围。

(6) 重新喷涂修补时,要严格按照各涂层喷涂的规范进行,切勿投机取巧。

(7) 整个工艺流程要规范。

**3. 作业准备**

(1) 进入工位前,将工位清理干净,准备好相关器材。

(2) 操作人员应整齐、规范地穿戴个人安全防护用品。

(3) 检查所使用设备能否正常工作。

(4) 根据工作流程作业单再次确认所需要材料是否齐全,摆放是否到位。

**4. 涂膜漆病的处理**

(1) 观察涂膜缺陷。

①检查的环境。

某些涂膜缺陷只能在特定光源或角度下才能被识别出来。因此,必须要从各种不同的角度检查涂膜表面,如图9-20所示。

②表面平整度的判定。

用如日光灯管那样笔直的反射光来判定涂膜表面的平整度,如图9-21所示。

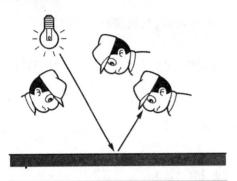

图9-20 不同角度观察缺陷　　　　　图9-21 判定平整度

 **说明**

观看涂膜缺陷旁日光灯管的反射光,若靠近日光灯管旁的区域较光亮,表示涂膜缺陷为凸状。相反若离反射的日光灯管较远的区域较光亮时,则表示涂膜缺陷为凹状或锯齿状。

③用放大镜的判定。

使用放大镜检查涂膜表面可以比用肉眼观看涂膜表面获得更多的信息,通常使用10～50倍的镜头。

(2)全车检查。

根据全车检查来判定涂膜缺陷的分布和密度。涂膜缺陷仅出现在水平面上,可以假设有某些物质掉落在车辆上,例如雨水或花粉;若缺陷集中在车辆某部位时,可能是车辆存放或使用的原因而导致涂膜表面的损伤;若有相同的缺陷出现在车辆的外板,也发生在塑材零件或车窗时,就可以判定这个缺陷是由外界的物质接触到涂膜表面所导致,例如水斑或漆雾。如图9-22所示。

(3)测量膜厚。

测量涂膜的厚度可用来判定车辆先前是否有任何维修记录。若缺陷部位的涂膜厚度比周围区域的膜厚厚度大很多时,表示该部位以前曾修补过。可以判定涂膜缺陷的起因是由以前的修补作业所导致,如图9-23所示。

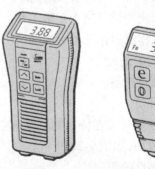

图9-22 全车检查　　　　　　图9-23 测量膜厚

（4）修补方法。

①加热。

因外力而导致涂膜表面变形可用加热的方法来修补，例如：花粉斑或脏点。首先，清洗车辆去除导致涂膜缺陷的物质；然后，使用红外线烤灯（70~80℃，10min）加热涂膜表面，如图9-24所示。

②污点的去除。

因污染物的渗入而导致的污点或隆起，可以从涂膜表面将污物去除来修补这种类型的缺陷。

将涂膜表面加热至70~80℃后，使用浸泡白汽油的布缓缓地轻拍表面。若污点无法去除，使用浸泡稀释剂的布来替代，如图9-25所示。

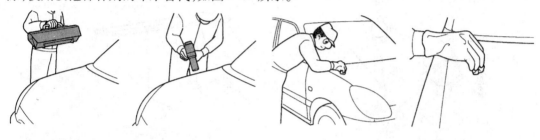

图9-24  加热　　　　　　　　　　图9-25  污点的去除

③抛光。

若涂膜已经溶解且已形成凹状或颗粒物时，可以用抛光使涂膜表面恢复光滑，也可研磨后再抛光。

若缺陷较小，可仅用抛光剂来抛光。若缺陷较大，使用P1500~P2000#砂纸研磨表面，再进行抛光，如图9-26所示。

④重新喷涂。

若加热、污点的去除或抛光都无法消除涂膜缺陷时，研磨涂膜表面至缺陷完全去除，再重新喷涂，如图9-27所示。

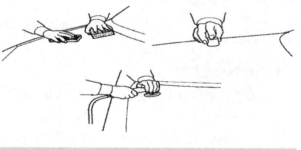

图9-26  抛光

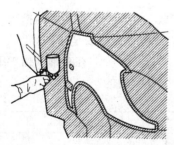 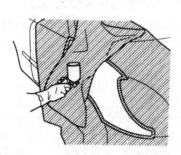

图9-27  重新喷涂

## 三、学习拓展

(1) 不同角度观察涂膜缺陷。

涂膜缺陷的检查必须在最少3个不同的角度下进行：正视、中央和侧视。并且适当地使用光源，例如阳光、荫凉处、日光灯或荧光灯下。

进行检查需要较好的环境，光线是很重要的因素。

使用较强的光源并以正视角度可很容易看出轻微的划伤，如图9-28所示。

使用日光灯并从正视的角度，可以很容易地看出酸雨斑，通常这种形式的涂膜缺陷无法在如阳光这样的强光下被看出来，如图9-29所示。

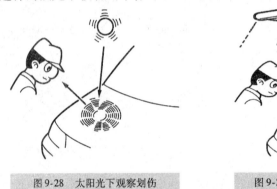

图9-28　太阳光下观察划伤　　　　图9-29　日光灯下观察酸雨斑

(2) 若不知道涂膜缺陷的起因是什么时，如何制定漆病处理的流程？

## 四、评价与反馈

**1. 自我评价及反馈**

(1) 能否主动参与工作现场的清洁和调整工作？（　　）
　　A. 主动完成　　　　　　B. 被动完成　　　　　　C. 未完成
(2) 完成本学习任务后，你对抛光及漆膜质量检测设备的使用是否熟练和规范？（　　）
　　A. 熟练规范　　　　　　B. 规范但不熟练　　　　C. 不会使用
(3) 你能否正确规范地完成抛光的操作流程？（　　）
　　A. 独立完成　　　　　　B. 小组合作完成　　　　C. 在老师的指导下完成
(4) 你在整个施工工艺流程过程中能否正确、规范地做好安全防护？（　　）
　　A. 能　　　　　　　　　B. 不能　　　　　　　　C. 在老师的指导下能做好
(5) 你在本学习任务中遇到的困难是什么？怎样解决的？

签名：_____　　____年____月____日

## 2. 小组评价及反馈

(1) 是否完成本学习任务的学习目标？（　　）

  A. 完成且效果好　　　　B. 完成但效果不好　　　C. 未完成

(2) 是否积极学习，不懂的是否积极向别人请教，是否积极帮助他人学习？（　　）

  A. 积极学习　　　　　　　　　　B. 积极请教

  C. 积极帮助他人　　　　　　　　D. 三者都不积极

(3) 工具与腻子颗粒有没有落地，有无保持作业现场的整洁？（　　）

  A. 无掉地且场地整洁　　　　　　B. 有腻子颗粒掉地

  C. 保持工件表面清洁　　　　　　D. 未保持钣件表面及作业现场的清洁

(4) 实施过程中是否注意操作质量和有责任心？（　　）

  A. 注意质量，有责任心　　　　　B. 不注意质量，有责任心

  C. 注意质量，无责任心　　　　　D. 全无

(5) 在操作过程中是否注意消除安全隐患，在有安全隐患时是否提示其他同学？（　　）

  A. 注意，提示　　　　　　　　　B. 不注意，未提示

    参与评价的同学签名：_____　　_____年_____月_____日

## 3. 教师评价及答复

_____

_____

_____

_____

_____

  教师签名：_____　　_____年_____月_____日

# 五、技能考核标准

| 序号 | 项目 | 操作内容 | 规定分 | 评分标准 | 得分 |
| --- | --- | --- | --- | --- | --- |
| 1 | 准备工作 | 工具设备的准备<br>防护用品的准备<br>场地的准备<br>耗材的准备<br>学习资料的准备<br>个人状态的准备 | 10 分 | 准备不充分酌情扣 1~4 分<br>不会准备或未准备扣 10 分<br>个人状态不好扣 5 分 | |
| 2 | 漆病鉴定 | 鉴定的方法<br>鉴定的内容<br>鉴定的质量 | 5 分<br>5 分<br>5 分 | 不当扣 2 分，不会扣 5 分<br>不全扣 2 分，错误扣 5 分<br>不准扣 2 分，混乱扣 5 分 | |

续上表

| 序号 | 项目 | 操作内容 | 规定分 | 评分标准 | 得分 |
|---|---|---|---|---|---|
| 3 | 质量检验 | 设备的使用 | 5分 | 不当扣2分,不会扣5分 | |
| | | 检验的步骤 | 5分 | 不详扣2分,错误扣5分 | |
| | | 检验的结果 | 5分 | 不当扣2分,错误扣5分 | |
| 4 | 漆病处理 | 加热方法 | 5分 | 不当扣2分,不会扣5分 | |
| | | 加热质量 | 5分 | 不详扣2分,错误扣5分 | |
| | | 污点的去除 | 5分 | 不详扣2分,错误扣5分 | |
| | | 抛光的方法 | 5分 | 不当扣2分,不会扣5分 | |
| | | 抛光的步骤 | 5分 | 不准扣2分,混乱扣5分 | |
| | | 抛光的质量 | 5分 | 不详扣2分,错误扣5分 | |
| | | 材料的选择 | 5分 | 不详扣2分,错误扣5分 | |
| 5 | 完成时限 | 30min | 5分 | 超1min扣1分,扣完为止 | |
| 6 | 安全生产 | 个人防护 | 4分 | 防护不全扣4分 | |
| | | 设备安全 | 2分 | 隐患扣1分,事故扣2分 | |
| | | 人员安全 | 2分 | 隐患扣1分,事故扣2分 | |
| | | 场地安全 | 2分 | 隐患扣1分,事故扣2分 | |
| 7 | 结束工作 | 5S工作 | 10分 | 错一项扣1分,扣完为止 | |
| | 总分 | | 100分 | | |

# 学习任务十　汽车美容实施

**任务要求**
完成本学习任务后,你应:
1. 了解汽车美容包含的内容;
2. 熟悉汽车美容内容的操作要领;
3. 基本掌握汽车美容各内容的操作方法与技巧;
4. 能制订完整的汽车美容操作方案。
**建议学时:26学时**

### 任务描述

轿车在复杂的气候条件下行驶了一段时间,发现车身脏污,漆面光度暗淡,车内变脏,发动机机舱内灰尘污染物增厚等等。此时,应该对汽车进行美容保养、护理,应会使汽车焕然一新,保持艳丽的光彩,更能达到旧车变新、新车保值、延寿增益的效果。

### 学习流程

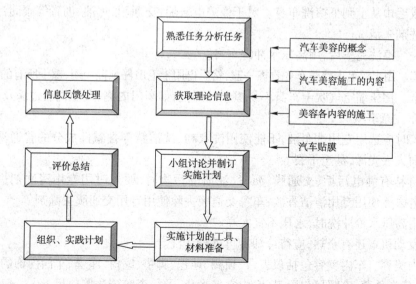

# 一、理论知识准备

**1. 汽车美容的概述**

正如人们护理皮肤一样,皮肤如果得不到爱护就会变得粗糙,失去弹性和光泽,导致未老先衰,汽车的保养也同样如此。我国的汽车美容护理行业,经过多年的发展已逐渐成熟。在不同的城市和地区相继出现了各种不同风格品牌的美容店。但是,真正专业的汽车美容护理与一般的电脑洗车、普通打蜡有着本质上的区别。

所谓的汽车美容,是指针对汽车各部位不同材质所需的保养条件,采用不同性质的汽车美容护理产品及施工工艺,对汽车进行全新保养护理。使汽车经过专业美容后外观洁亮如新,漆面光亮保持长久,有效延长汽车寿命。

**2. 汽车美容的内容**

一般来说,专业汽车美容是通过先进的设备和数百种用品,经过几十道工序,从车身、车室(地毯、座椅、仪表、音响、顶棚、冷热风口、排挡区等进行高压洗尘吸尘上光)、发动机(免拆清洗)、钢圈轮胎、底盘、保险杠、油电路等做整车处理,使旧车变成新车并保持长久,且对较深划痕可进行特殊快速修复。其主要项目内容包括有:内外室美容、漆面美容、发动机免拆清洗维护、底盘装甲护理及其他美容项目。

(1) 车内外室美容。

车内外室美容主要包括车身美容和装饰美容两个大的内容。

①车身美容。车身美容护理包括高压洗车、新车开蜡、沥青焦油等污物的去除。

A. 洗车步骤一般分冲车、擦洗、冲洗、擦车和吹干5个步骤进行。

a. 冲车。接到服务车辆后,将车移到指定的清洗工位停放平稳,关闭好车窗,然后用高压水枪自上而下冲去车身污物。

b. 擦洗。待车身及底部都冲洗干净后,将配制好的洗车液均匀的喷洒在车身表面。然后用海绵或毛巾从上到下擦洗车身。对于像静电灰垢、交通膜、焦油、沥青等顽固污渍,应使用专用清洗剂来清洗。

c. 冲洗。擦洗完毕后,用高压水冲洗车身。

d. 擦车。用半湿毛巾将整车先预擦一遍,然后再用干毛巾仔细擦一遍,擦干所有的水痕。

e. 吹干。用压缩空气吹干车身不易擦干的部位,如车门内侧、发动机盖边缘及内侧等。

B. 洗车注意事项。

a. 洗车时应选用专用洗车液,不能使用洗衣粉、洗洁精等含碱性成分的普通洗涤用品,以免使漆面失去光泽,甚至干裂。

b. 车身粘有静电污垢、交通膜、沥青、油渍等污物时,要及时用专用清洗剂进行清洗。如车身静电去除使用专用清洁香波;车身交通膜去除使用专用交通膜去除剂等。

c. 在用高压水枪冲洗时,水压不宜太高。

d. 若发动机罩还有余热,应待冷却后再进行清洗。

②车内美容。车内美容包括仪表台、顶棚、地毯、脚垫、座椅、座套、车门内饰的吸尘清洁保护,以及蒸汽杀菌、冷暖风口除臭、室内空气净化、及行李箱清洁等项目。

车内美容工艺流程包括：

A. 整理。整理车内杂物。

B. 除尘。除去车内仪表台、顶棚、地毯、脚垫、座椅、座套、车门内饰上的灰尘。

C. 清洗。对于不同的内饰件材质使用不同的清洗方法，不可用力擦洗。如真皮饰品、塑料饰品、橡胶饰品等应分别使用相对应的专用清洁剂进行清洗。

D. 上光护理。

E. 消毒。目前使用的消毒方式有臭氧消毒和光触媒消毒。

F. 完工整理。

（2）漆面美容。

车身漆面美容护理服务项目主要有护理性美容作业与漆面划痕处理项目。

①护理美容。它是指在正常使用中进行护理，保护漆膜外观洁亮如新，漆面光亮保持长久，有效延长汽车寿命。

漆面美容护理项目主要有：开蜡、漆面研磨、抛光、打蜡或封釉护理。

A. 开蜡。新车下线后，为了避免在露天停放或运输中风吹雨淋、烈日暴晒、烟雾及酸雨的侵蚀，必须进行喷蜡覆盖保护，以防涂层表面受侵蚀老化。但在新车交户正常使用后，这层保护的蜡必须去除。在汽车行驶中灰尘及易附着在车身表面，这是因为保护蜡含油脂成分较多，易黏附灰尘的缘故。

B. 研磨。去除漆膜表面的氧化层、轻微划痕等。漆面划痕修复时也会用到研磨抛光工序，但用于修复轻微划痕。它主要配合其他护理作业，可消除缺陷。

C. 抛光。抛光主要是为了增加涂膜的光泽度与平滑度，去除研磨留下的打磨痕迹或消除涂膜表面粗糙、划痕、泛白、橘皮、泛色层等细小的缺陷。抛光处理既适用于旧涂面翻新，也适用于喷涂面及修补施工。

D. 打蜡。汽车漆膜经过抛光后，一般均需在其表面打蜡。给车漆打蜡，蜡质不仅可以在车漆表面形成清晰度较高的保护膜，而且能够起到上光、防水、防紫外线、防静电等作用。为汽车穿上一层隐形车衣；同时可增进车漆表面的光泽，在抛光的基础上达到最终的镜面效果。打蜡可以通过人工打蜡完成，也可以用打蜡机作业。但蜡可溶于水，起不到长期保护漆面的作用。

旧车涂膜保护性打蜡可1~2个月打蜡一次，也可3~4个月打蜡一次，这主要根据使用情况而定。

②修复美容。是指在用车漆面划痕的漆面问题处理，可分为漆面浅划痕处理和漆面深划痕处理。漆面浅划痕的处理要用研磨抛光的方法去除；漆面深划痕的处理可以用色漆修补笔或喷漆工艺完成。

 **小知识**

①汽车漆面自然氧化不严重或浅划痕导致的失光，通常可采用抛光研磨的方法进行处理。

②汽车漆面自然氧化严重或透镜效应严重引起的失光，需要进行重新的喷涂施工处理。

(3)发动机免拆清洗维护。发动机的免拆清洗维护美容服务项目包括发动机燃油供给系统、发动机冷却系统、发动机润滑系统、自动变速箱的免拆清洗维护等。

(4)底盘装甲护理。又称"底盘封塑",是使用柔性橡胶树脂,或由橡胶、沥青、石蜡矿物油为基础的复合涂剂,喷涂在车辆底盘、轮毂、油箱、围板等暴露部位,快速干燥后形成一层牢固的弹性保护层,以达到防腐蚀、防锈、防撞、隔除底盘噪音等目的。

(5)其他美容项目。汽车其他美容服务项目本书统一归为汽车装饰,如防爆太阳膜的装贴、汽车天窗的加装、汽车氙灯、汽车音响、倒车雷达、汽车防盗装置的选装与汽车的隔音降噪等。

## 二、实 践 操 作

由于本节实际操作较多,本书主要介绍新漆喷涂及重涂后的抛光处理、打蜡操作。

**1. 实践准备**

(1)工具准备。

①防护装备:

②使用工具:气体吹枪、抛光机、粗(细)抛光垫、打蜡盘、海绵或软布。

(2)材料准备:除尘布、清洁剂、抛光剂、磨石、抛光流程作业单、汽车蜡。

(3)场地准备:实训室、洗车房。

**2. 注意事项**

(1)抛光注意事项。

①规范穿着、防护,规范使用工具及其设备,注意操作安全。

②漆面干燥前在去除遮蔽胶带的边界处重新贴上遮蔽胶带。这可防止抛光剂附着于车厢门窗密封条或嵌条等橡胶或塑料材料上,如果一旦粘上便很难除去。

③在使用抛光机时,应在抛光垫接触抛光表面后再打开抛光机开始作业。

④抛光机在抛光作业时,必须不停的移动,如果在一个地方停留时间过长,涂料可能会被热软化,摩擦热还可能引起钣件变形。

⑤如果有大量抛光剂留在涂料表面上,那么抛光剂中的溶剂可能损坏涂料。

⑥使用喷雾瓶向工件表面及抛光垫喷水,可防止钣件变热、抛光剂黏住。

⑦当抛光垫靠近薄钣件边缘及特征线时,由于该处涂层较薄,很容易抛光过度,要注意抛光垫与工件表面接触,不能倾斜抛光垫用其边缘抛光作业。

⑧在完成抛光垫进行的抛光工序后,要彻底清洗抛光垫,并令其干燥。

(2)打蜡注意事项。

①打蜡前应使用专用清洗剂清洗车身。

②若旧车涂膜已氧化、泛色或有划痕,应清除后才能打蜡。

③新喷漆膜表面的流痕、橘皮、粗粒、划痕应通过研磨、抛光处理后才能打蜡。

④规范穿着、防护,规范使用工具及其设备,注意操作安全。

**3. 作业准备**

(1)进入工位前,将工位清理干净,准备好相关器材。

(2)操作人员应整齐、规范地穿戴个人安全防护用品。

(3)检查所使用设备能否正常工作。

(4)根据工作流程作业单再次确认所需要材料是否齐全,摆放是否到位。

**4. 抛光处理施工**

(1)涂料干燥。按照涂料制造商规定的干燥时间指示,确定涂层可以抛光的时间。根据所用涂料种类、环境温度、涂层厚度以及用来稀释涂料混合物稀释剂的不同,所需要的干燥时间也不同。可以采用如图10-1所示的方法进行判断,在涂膜的隐蔽处用手指轻沾,如果黏上油漆,则说明未充分干燥,不能抛光,反之可以抛光。

(2)检查涂料纹理。比较重涂面积的纹理与原始涂料表面的纹理,如图10-2所示,确定适当的抛光方法。纹理不一致的处理流程如图10-3所示。

①对比修复部分与原始部分的纹理差别,确定维修方式和维修量,如图10-4所示。

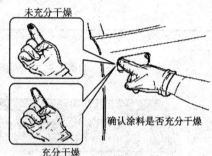

图10-1 检查涂料干燥情况

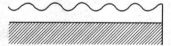 

图10-2 纹理不一致

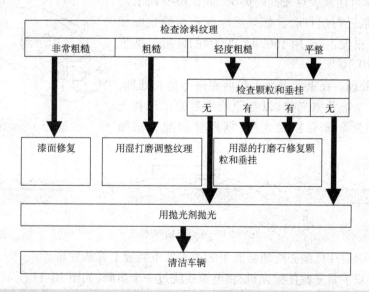

图10-3 纹理的处理流程

②用粗颗粒的抛光剂调整光泽,如图10-5所示。

③用细颗粒的抛光剂制造光泽,使修复面与原始面纹理基本一致,如图10-6所示。

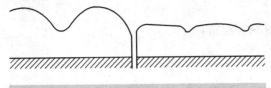

图10-4 对比纹理

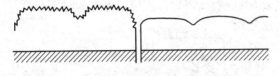

图10-5 粗抛光

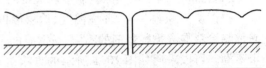

图10-6 细抛光

(3)检查有无颗粒和垂流。如果有则要确定适当的抛光方法,如图10-7所示。

①用1500#～3000#的打磨石除去小的局部的颗粒或垂流,如图10-8所示。

②如果垂流在车身板上延展面积很大,该表面必须重涂。

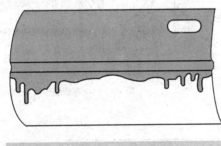

图10-7 垂流

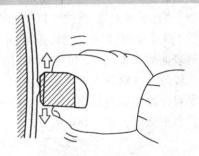

图10-8 磨石去除颗粒

(4)使用磨石清除颗粒和垂流。作业时注意将磨石的边弄圆,以尽可能减少对表面的损伤,如图10-9所示。

(5)用砂纸进行湿打磨。如果重涂面积与原始面积的纹理之间有很大不同,用1500#～2000#的砂纸打磨平粗纹理,如图10-10所示。

(6)抛光处理。在重涂表面干燥后要进行抛光处理,使用适合的抛光垫及抛光剂,以与原始涂料的纹理和光泽配合。粗抛光剂配合粗抛光垫,精抛光剂配合精抛光垫。

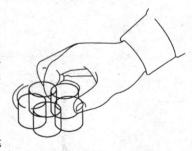

图10-9 磨石的使用

  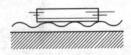  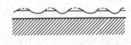

图10-10 湿打磨粗纹理

①涂料干燥后在已经去除遮蔽胶带的边界处重新铺上遮蔽胶带。
②抛光时双手紧紧握住抛光机,将电源线绕过一个肩膀,如图10-11所示。
③在打开抛光机前,将抛光垫抵住表面。
④抛光时必须保持抛光机移动。
⑤抛光中使用水来防止面板温度上升,避免烧焦抛光剂。

⑥板边缘附近的涂层以及特征线非常薄,可以很轻易地被打磨掉,因此需用保护胶带遮蔽这些部位。另外,需按照规定,使抛光垫接触到作业表面,如图10-12所示。

(7)清洁。在作业完成后对车辆进行清洁,如图10-13所示。

图10-11　抛光机的使用　　　图10-12　边缘处的抛光　　　图10-13　清洁全车

## 三、学 习 拓 展

**防暴太阳膜的贴护**

随着汽车贴膜这一行业的兴起,专业人士对这行业也是做了更加深入的研究。为了便于学习操作,下面介绍汽车贴膜的基本操作步骤。

(1)清洗玻璃窗。每个玻璃贴膜处用玻璃水彻底清洁干净,不可有灰尘、异物,如图10-14所示。

(2)裁切太阳膜。裁切与玻璃窗适当大小尺寸的太阳膜,如图10-15所示。

图10-14　清洁玻璃　　　　　　　图10-15　裁切太阳膜

(3)贴太阳膜。先在贴膜处喷上润滑水,移动膜纸位置到合适处,将贴膜的保护膜撕下一角,要一边撕一边喷润滑水,如图10-16所示。

(4)固定太阳膜。用橡皮刮刀将润滑水刮出来,固定太阳膜,如图10-17所示。

(5)皱纹处理。用塑料刮刀由中间向两边拨刮,去除内部的润滑水及气泡,消除皱纹,如图10-18所示。

(6)检查贴膜质量。检查太阳膜与玻璃之间无任何气泡或皱纹。

(7)太阳膜定型。用热烤制的方法将太阳膜定型,如图10-19所示。

图 10-16　贴太阳膜

图 10-17　固定太阳膜

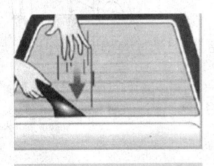

图 10-18　皱纹处理

图 10-19　烤制定型

## 四、评价与反馈

**1. 自我评价及反馈**

(1) 能否主动参与工作现场的清洁和调整工作？（　　　）

　　A. 主动完成　　　　　B. 被动完成　　　　　C. 未完成

(2) 完成本学习任务后，你对抛光施工设备及工具的使用是否熟练和规范？（　　　）

　　A. 熟练规范　　　　　B. 规范但不熟练　　　　C. 不会使用

(3) 你能否正确规范地完成抛光、打蜡的施工操作流程？（　　　）

　　A. 独立完成　　　　　B. 小组合作完成　　　　C. 在老师的指导下完成

(4) 你在漆面护理美容施工工艺流程过程中能否正确、规范地做好安全防护？（　　　）

　　A. 能　　　　　　　　B. 不能　　　　　　　　C. 在老师的指导下能做好

(5) 你在汽车美容施工工艺流程哪个环节过程中遇到的困难是什么？怎样解决的？

_____

_____

_____

_____

签名：_____　　_____年_____月_____日

**2. 小组评价及反馈**

(1)是否完成本学习任务的学习目标？（　　　）

  A. 完成且效果好　　　　　B. 完成但效果不好　　　　C. 未完成

(2)是否积极学习，不懂的是否积极向别人请教，是否积极帮助他人学习？（　　　）

  A. 积极学习　　　　　　　　　　　B. 积极请教

  C. 积极帮助他人　　　　　　　　　D. 三者都不积极

(3)工具有没有落地，有无保持作业现场的整洁？（　　　）

  A. 无掉地且场地整洁　　　　　　　B. 有腻子颗粒掉地

  C. 保持工件表面清洁　　　　　　　D. 未保持钣件表面及作业现场的清洁

(4)实施过程中是否注意操作质量和有责任心？（　　　）

  A. 注意质量，有责任心　　　　　　B. 不注意质量，有责任心

  C. 注意质量，无责任心　　　　　　D. 全无

(5)在操作过程中是否注意消除安全隐患，在有安全隐患时是否提示其他同学？（　　　）

  A. 注意，提示　　　　　　　　　　B. 不注意，未提示

    参与评价的同学签名：_____　　_____年_____月_____日

**3. 教师评价及答复**

_____

_____

_____

_____

_____

_____

_____

        教师签名：_____　　_____年_____月_____日

## 五、技能考核标准

| 序号 | 项目 | 操作内容 | 规定分 | 评分标准 | 得分 |
|---|---|---|---|---|---|
| 1 | 准备工作 | 工具设备的准备<br>防护用品的准备<br>场地的准备<br>耗材的准备<br>学习资料的准备<br>个人状态的准备 | 10分 | 准备不充分酌情扣1～4分<br>不会准备或未准备扣10分<br>个人状态不好扣5分 | |

续上表

| 序号 | 项目 | 操作内容 | 规定分 | 评分标准 | 得分 |
|---|---|---|---|---|---|
| 2 | 缺陷判断 | 纹理的对比 | 4分 | 不当扣1分,不会扣4分 | |
| | | 颗粒或垂流 | 3分 | 漏一处扣1分 | |
| | | 光泽减弱 | 3分 | 不能判断扣3分 | |
| 3 | 打磨工序 | 打磨方法的选择 | 2分 | 不当扣1分,错误扣2分 | |
| | | 手动打磨的要求 | 2分 | 不全扣2分 | |
| | | 砂纸的选择 | 3分 | 不详扣1分,错误扣3分 | |
| 4 | 抛光 | 抛光蜡的选择 | 4分 | 不当扣1分,错误扣4分 | |
| | | 抛光机的使用 | 5分 | 有误扣2分,不会扣5分 | |
| | | 抛光机的清洁 | 4分 | 不全扣1分,没做扣4分 | |
| | | 抛光顺序及质量 | 10分 | 一处扣1分,扣完为止 | |
| 5 | 贴膜 | 太阳膜的选择 | 5分 | 不当扣2分,错误扣5分 | |
| | | 贴膜方法 | 7分 | 不当扣2分,错误扣7分 | |
| | | 贴膜质量 | 8分 | 不详扣4分,不符扣8分 | |
| 6 | 完成时限 | 30min | 10分 | 超1min扣1分,扣完为止 | |
| 7 | 安全生产 | 个人防护 | 4分 | 防护不全扣4分 | |
| | | 设备安全 | 2分 | 隐患扣1分,事故扣2分 | |
| | | 人员安全 | 2分 | 隐患扣1分,事故扣2分 | |
| | | 场地安全 | 2分 | 隐患扣1分,事故扣2分 | |
| 8 | 结束工作 | 5S工作 | 10分 | 错一项扣1分,扣完为止 | |
| | 总分 | | 100分 | | |

# 参 考 文 献

[1] 程玉光.汽车涂装技术[M].北京:人民交通出版社,2005.
[2] 张时才,李忠光.汽车维修漆工[M].第2版.北京:国防工业出版社,2010.
[3] 易建红,李秀峰.汽车涂装工艺[M].北京:人民交通出版社,2012.
[4] 欧玉春,童忠良.汽车涂料涂装技术[M].北京:化学工业出版社,2009.
[5] 王亚平,马远辉.油漆调色技术[M].北京:人民交通出版社,2010.
[6] 尹根雄,彭常青.汽车油漆调色技术教程[M].北京:机械工业出版社,2013.
[7] 覃维献.汽车美容与装饰[M].北京:人民邮电出版社,2012.
[8] 赵亚男.汽车装饰与美容[M].北京:中央广播电视大学出版社,2011.
[9] 李庆军,王凤军.汽车车身修复及涂装技术[M].北京:机械工业出版社,2011.